# スッキリ
## わかる

滝澤ななみ

## 日商簿記
# 1級
### 商業簿記・会計学

### III その他の
### 個別論点・本支店・C/F編

# ●はしがき

大切なのは基本をしっかり理解すること

　日商簿記1級の平均合格率は10％弱で、資格試験の中でも難易度の高い試験です。しかし、難易度が高いからといって、難問が解けないと合格できない、というわけではありません。難問（ほとんどの受験生が見たこともないような問題）が出題されることもありますが、その問題が解けなくても、ほかの問題（基本的な問題）がしっかり解ければ合格点をとることができます。

　そこで、本書は**合格に必要な知識を基礎からしっかり身につける**ことを目標とし、合格に必要なポイントを丁寧に説明することにしました。

特徴1　「読みやすいテキスト」にこだわりました

　また、1級の出題範囲はとても広いので、効率的に学習する必要があります。そこで、1級初学者の方が内容をきちんと理解し、最後までスラスラ読めるよう、**やさしい、一般的なことば**を用いて専門用語等の解説をしています。

　さらに、取引の場面を具体的にイメージできるように、2級でおなじみのゴエモン（キャラクター）を登場させ、みなさんがゴエモンといっしょに**取引ごとに会計処理を学んでいく**というスタイルにしています。

特徴2　テキスト＆問題集

　簿記はテキストを読んだだけでは知識が身につきません。テキストを読んだあと、問題を解くことによって、知識が定着するのです。

　そこで、テキストを読んだあとに必ず問題を解いていただけるよう、本書はテキストと問題集（問題編）を一体型にしました（他書は通常、テキストと問題集が分かれています）。

　簿記の知識はビジネスのあらゆる場面で活かすことができます。

　本書を活用し、簿記検定に合格され、みなさんがビジネスにおいてご活躍されることを心よりお祈りいたします。

## 第5版から第6版への主な改訂点

　第6版は、第5版につき収益認識基準の適用により影響を受ける内容の改訂を行っています（具体的には、外貨建荷為替手形につき、コメントを付しました）。

# 簿記の学習方法と合格までのプロセス………

## 1. テキストを読む

テキスト

　まずは、**テキストを読みます。**

　テキストは自宅でも電車内でも、どこでも手軽に読んでいただけるように作成していますが、机に向かって学習する際には鉛筆と紙を用意し、取引例や新しい用語がでてきたら、**実際に紙に書いてみましょう。**

　また、本書はみなさんが考えながら読み進めることができるように構成していますので、ぜひ**答えを考えながら**読んでみてください。

## 2. テキストを読んだら問題を解く！

問題編

　簿記は**問題を解くことによって、知識が定着**します。本書はテキスト内に、対応する問題番号を付していますので、それにしたがって問題を解きましょう。

　また、まちがえた問題には付箋などを貼っておき、あとでもう一度、解きなおすようにしてください。

## 3. もう一度、すべての問題を解く！

問題編

　上記1、2を繰り返し、テキストが全部終わったら、**テキストを見ないで**問題編の**問題をもう一度最初から全部解いてみましょう。**

　こうすることで、知識を完全に身につけることができます。

　そのあと、次のテキストに進みます。

## 4. そして過去問題集を解く！

過去問題集

　すべてのテキストの学習が終わったら、本試験の出題形式に慣れ、時間内に効率的に合格点をとるために**過去問題集（別売）**\*を解くことをおすすめします。

　　＊TAC出版刊行の過去問題集…「合格するための過去問題集 日商簿記1級」

# 商業簿記・会計学で学習する主な内容

## テキストⅠ　損益会計編

| 損益計算書の基礎 | | | | |
|---|---|---|---|---|
| 一般商品売買 | 原価率と利益率 | 期末商品の評価 | 総記法 | |
| 収益認識基準 | 収益認識の手順 | 売上割戻 | 返品権付きの販売 | 契約における重要な金融要素 |
| | 代理人の取引 | 消費税の処理 | 発行商品券 | |
| その他の商品売買形態 | 委託販売 | 試用販売 | 割賦販売 | 予約販売 |
| | 未着品販売 | 受託販売 | | |
| 建設業会計 | | | | |

## テキストⅡ　資産・負債・純資産編

| 資　　産 | 現金預金 | 金銭債権 | 貸倒引当金 | 手形 |
|---|---|---|---|---|
| | 有価証券 | 有形固定資産 | 資産除去債務 | リース取引 |
| | 減損会計 | 無形固定資産 | 繰延資産 | ソフトウェア |
| 負　　債 | 引当金 | 退職給付引当金 | 社債 | |
| 純　資　産 | 株式の発行 | 株主資本の計数変動 | 自己株式 | 分配可能額の計算 |
| | 新株予約権 | 新株予約権付社債 | | |

## テキストⅢ　その他の個別論点・本支店・C/F編

**本書**

| デリバティブ取引 | 先物取引 | 金利スワップ取引 | ヘッジ会計 |
|---|---|---|---|
| 外貨換算会計 | 外貨建取引と換算 | 外貨建有価証券の換算 | 為替予約 |
| 税効果会計 | 税効果会計(個別) | | |
| 本支店会計 | 本支店会計 | 在外支店の財務諸表項目の換算 | |
| キャッシュ・フロー計算書 | キャッシュ・フロー計算書(個別) | | |

## テキストⅣ　企業結合・連結会計編

| 企業結合 | 合併 | 株式交換 | 株式移転 | 事業分離 |
|---|---|---|---|---|
| 連結会計 | 連結会計 | 持分法 | 税効果会計(連結) | |
| | 連結キャッシュ・フロー計算書 | | 在外子会社の財務諸表項目の換算 | |

# ●日商簿記1級の出題傾向と対策（商業簿記・会計学）・・・👣

## 1．配点と合格点

　日商簿記1級の試験科目は、商業簿記、会計学、工業簿記、原価計算の4科目で、各科目の配点は25点です。また、試験時間は商業簿記・会計学であわせて90分、工業簿記・原価計算であわせて90分です。

| 商業簿記 | 会 計 学 | 工業簿記 | 原価計算 | 合計 |
|---|---|---|---|---|
| 25点 | 25点 | 25点 | 25点 | 100点 |

　　　　試験時間90分　　　　試験時間90分

　合格基準は100点満点中70点以上ですが、10点未満の科目が1科目でもある場合は不合格となりますので、苦手科目をなくしておくことが重要です。

## 2．出題傾向と対策（商業簿記・会計学）

　1級商業簿記・会計学の出題傾向と対策は次のとおりです。

出題傾向　　　　　　　　　　　　　　　　　　対　策

**商業簿記**
　商業簿記は、①損益計算書の作成、②貸借対照表の作成、③本支店合併財務諸表の作成、④連結財務諸表の作成など、通常、総合問題の形式（1問形式）で出題されます。

　総合問題は個別論点の積み重ねです。したがって、まずはテキストⅠ～Ⅳまでの内容を論点ごとにしっかり学習しましょう。
　そして、ひととおりの学習が終わったら、過去問題集などで出題パターンごとに問題を解いておきましょう。

**会 計 学**
　会計学は、2問から4問の小問形式で出題され、通常、このうち1問が理論問題（正誤問題や穴埋問題）、残りが計算問題です。

　理論問題は計算問題と関連させて学習すると効率的に学習できます。したがって、商業簿記と会計学を分けずに、一緒に学習し、まずは計算をマスターしましょう（このテキストでは、理論で問われる可能性のある箇所にマーク 会計学 を付しています）。

※日商簿記1級の試験日は6月（第2日曜）と11月（第3日曜）です。試験の詳細については、検定試験ホームページ（https://www.kentei.ne.jp/）でご確認ください。

# CONTENTS

はしがき

簿記の学習方法と合格までのプロセス

商業簿記・会計学で学習する主な内容

日商簿記1級の出題傾向と対策（商業簿記・会計学）

## その他の個別論点・本支店・C/F編

### 第1章　デリバティブ取引 ————————————————— 1
CASE1　デリバティブ取引とは？　*2*

CASE2　債券先物取引　*4*

CASE3　金利スワップ取引　*10*

CASE4　ヘッジ会計　*14*

### 第2章　外貨換算会計 ————————————————————— 27
CASE5　外貨建取引①　前払金の支払時の仕訳　*28*

CASE6　外貨建取引②　輸入時の仕訳　*30*

CASE7　外貨建取引③　決済時の仕訳　*32*

CASE8　決算時の換算　*36*

CASE9　外貨建売買目的有価証券の換算　*40*

CASE10　外貨建満期保有目的債券の換算　*42*

CASE11　外貨建その他有価証券の換算　*46*

CASE12　外貨建子会社株式・関連会社株式の換算　*49*

CASE13　外貨建有価証券の減損処理　*50*

CASE14　取引発生時(まで)に為替予約を付した場合の処理①　営業取引　*53*

CASE15　取引発生時(まで)に為替予約を付した場合の処理②　資金取引　*56*

CASE16　取引発生後に為替予約を付した場合の処理　*59*

### 第3章　税効果会計 ————————————————————— 75
CASE17　税効果会計とは？　*76*

CASE18　棚卸資産の評価損①　*83*

CASE19　棚卸資産の評価損②　*87*

CASE20　貸倒引当金の繰入限度超過額　*89*

CASE21　減価償却費の償却限度超過額　*91*

CASE22　その他有価証券の評価差額　*93*

CASE23　繰延税金資産と繰延税金負債の表示　*99*

## 第4章　本支店会計　――――――――――――――――――――――111

CASE24　本店から支店に現金を送付したときの仕訳　*112*

CASE25　本店が支店に商品を送付したときの仕訳　*114*

CASE26　支店が本店の仕入先から商品を直接仕入れたときの仕訳　*116*

CASE27　本支店合併財務諸表の作成（全体像）　*120*

CASE28　内部取引の相殺　*121*

CASE29　内部利益の控除　*123*

CASE30　棚卸減耗費と商品評価損の処理　*125*

CASE31　帳簿の締切（全体像）　*129*

CASE32　損益振替　*130*

CASE33　内部利益の整理　*133*

CASE34　法人税等の計上　*137*

CASE35　資本振替　*139*

CASE36　在外支店の財務諸表項目の換算　*142*

## 第5章　キャッシュ・フロー計算書　――――――――――――――151

CASE37　キャッシュ・フロー計算書とは？　*152*

CASE38　営業活動によるキャッシュ・フロー①　間接法　*158*

CASE39　営業活動によるキャッシュ・フロー②　直接法　*168*

CASE40　投資活動によるキャッシュ・フロー　*174*

CASE41　財務活動によるキャッシュ・フロー　*178*

---

### 問題編

問　　題　1

解答・解説　27

さくいん　72

---

### 別　冊

問題編　解答用紙

# 第1章

## デリバティブ取引

株式や債券自体を売買する取引については、
すでにみてきたけど、
これらの金融商品から派生した商品というものがあるらしい…。

ここでは、金融商品（株式や債券など）から派生した商品（デリバティブ）
に関する取引についてみていきます。

# CASE 1　デリバティブ取引

## デリバティブ取引とは?

この価値が下がっても損しない方法ってないかニャ?

ゴエモン㈱では有価証券を所有していますが、今後、この有価証券の価値が下がる可能性があります。この有価証券はまだ持ち続けたいのですが、価値が下がるリスクにも備えたいと思っています。

そんな都合のよいことができるのでしょうか?

### ● デリバティブ取引とは?

たとえば、株式自体を売買するのではなく、株式を売買する「権利」を商品化し、この権利を売買する取引などがあります。

**デリバティブ取引**とは、株式や債券など、従来から存在する金融商品から派生して生まれた金融商品（**デリバティブ**）を扱う取引をいい、**先物取引**、**オプション取引**、**スワップ取引**などがあります。

| デリバティブ取引 | |
|---|---|
| 先物取引 | 将来の一定の時点において、特定の商品を一定の価格で一定の数量だけ売買することを約束する取引 |
| オプション取引 | 将来の一定の時点に、一定の価格で特定の商品を売買する権利を売買する取引 |
| スワップ取引 | 金利や通貨から生じるキャッシュ・フローを交換する取引 |

　デリバティブ取引には非常にたくさんの種類がありますが、このテキストでは、**債券先物取引**と**金利スワップ取引**について説明します。

## ● デリバティブ取引の特徴

デリバティブ取引は、現物取引（株式や債券自体を売買する取引）と組み合わせて行うことにより、現物取引から生じるリスク（不確実性）を低下させること（**リスクヘッジ**といいます）ができます。

また、デリバティブ取引は、少ない元手で多額の利益を獲得することもできるため、投機目的で行われることもあります。

> 利益が多額になる可能性がある反面、損失も多額になる可能性もあります。

# 債券先物取引

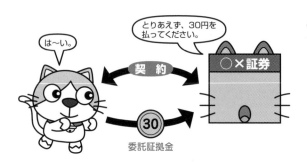

**？** ×2年2月1日　ゴエモン㈱は、国債先物を買い建てる契約をし、委託証拠金を現金で支払いました。ここでは、債券先物取引の処理についてみていきましょう。

---

**取引** 次の一連の取引について仕訳をしなさい（決算日：3月31日）。

(1) ×2年2月1日　ゴエモン㈱は国債先物1,000円（10口）を1口92円で買い建て、委託証拠金として30円を現金で支払った。

(2) ×2年3月31日　決算日において国債先物の相場は1口96円であった。

(3) ×2年4月1日　期首につき、評価差額を振り戻す。

(4) ×2年4月20日　国債先物の相場が1口99円に上昇したので、同額で反対売買による差金決済を現金で行った。

**用語** 委託証拠金…先物取引の契約時に証券会社に保証金として支払う金額
反対売買…買い建てたときは売る（転売する）こと。売り建てたときは買う（買い戻す）こと

---

## ● 先物取引の契約をしたときの仕訳…(1)

　先物取引の契約時には「国債先物10口を1口92円で買う」という契約をしただけなので、国債先物に関する仕訳はありません。

　しかし契約者（ゴエモン㈱）は、契約時に証券会社等に一定の金額（保証金）を委託証拠金として差し入れることになって

いるため、委託証拠金の処理は行います。

　契約者が支払う委託証拠金は、**先物取引差入証拠金（資産）**で処理します。

契約時には委託証拠金の処理だけ行います。

## CASE 2の仕訳 (1)契約時

| （先物取引差入証拠金） | 30 | （現　　　金） | 30 |

　なお、先物取引において新規に買い注文を出すことを「買い建てる」といい、反対に、新規に売り注文を出すことを「売り建てる」といいます。

## ● 決算時の仕訳…(2)

時価に評価替えするようなものです。この評価替えを値洗い（ねあらい）といいます。

　先物取引では、先物相場が変動したとき（または決算時）に、相場の変動によって生じた損益を**先物損益（営業外費用または営業外収益）**として処理します。

```
      先 物 損 益              先 物 損 益
 ┌─────┬───────┐      ┌───────┬─────┐
 │ 40円 │ 100円 │      │ 100円 │ 40円 │
 └──60円─┴───────┘      └───────┴─60円─┘
```

| 貸方残高の場合 | | 借方残高の場合 |

損　益　計　算　書

自×1年4月1日 至×2年3月31日（単位：円）

⋮

Ⅳ　営　業　外　収　益

　　　**先　物　利　益**　　　　　　　　　60

Ⅴ　営　業　外　費　用

　　　**先　物　損　失**　　　　　　　　　60

⋮

CASE 2(2)では、×2年2月1日に@92円で買い建てた国債先物の相場が@96円に上昇しています。

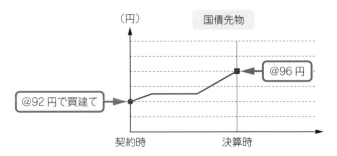

先物取引では、将来、あらかじめ決められた価格で決済することが約束されているので、どんなに相場が変動しても、ゴエモン㈱は@92円で国債先物を買うことができます。

@92円で買って、@96円で売ったと考えましょう。

したがって、いま（×2年3月31日）、ゴエモン㈱がこの国債先物を決済すると、1口につき@4円（@96円－@92円）の利益を得ることができます。

そこで、40円（@4円×10口）を先物利益として計上します。

先物利益と先物損失は相殺されるので、仕訳上は「先物損益」で処理します。

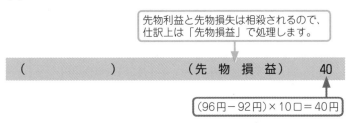

| （ ） | （先物損益） 40 |

（96円－92円）×10口＝40円

また、相手科目は**先物取引差金**という勘定科目で処理します。この先物取引差金は、借方に生じた場合は**未収入金（資産）**を意味し、貸方に生じた場合は**未払金（負債）**を意味します。

**先物取引差金**

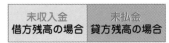

| 未収入金<br>借方残高の場合 | 未払金<br>貸方残高の場合 |

以上より、CASE 2の決算時の仕訳は次のようになります。

## CASE 2の仕訳 （2）決算時

（先物取引差金） 40 （先 物 損 益） 40
　　　未収入金　　　　　　　　　　　　　先物利益

## ● 先物取引の翌期首の仕訳…⑶

　決算時に計上した値洗差金（評価差額）は、翌期首において振り戻します。

　したがって、CASE 2の翌期首の仕訳は次のようになります。

振り戻さない場合もあるので、問題文の指示にしたがってください。

## CASE 2の仕訳 （3）翌期首

（先 物 損 益） 40 （先 物 取 引 差 金） 40

## ● 先物取引の決済時の仕訳…⑷

　先物取引が決済されたときには、契約時に支払っていた委託証拠金が戻ってくるので、先物取引差入証拠金を取り消します。

とりあえず、これはお返しして…。

○×証券

30
委託証拠金

（現　　　　金） 30 （先物取引差入証拠金） 30

これを反対売買といいます。なお、買建ての決済（売ること）を転売、売建ての決済（買うこと）を買戻しといいます。

また、CASE 2⑷では、@92円で買い建てた国債先物を@99円で売却した（決済時に「買い」と「売り」が同時に行われる）ことになります。

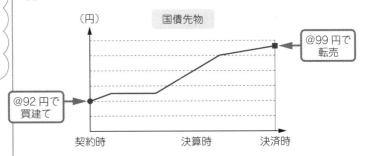

そして、その取引によって生じた差額のみを現金等で決済するため、ゴエモン㈱が受け取る（または支払う）金額は次のようになります。

| （現　　金） | 70 | （　　　　　） |
|---|---|---|

@92円で買った国債を@99円で売却したと考えて処理します。
①購入代金：@92円×10口＝920円
②売却代金：@99円×10口＝990円
③差　　額：990円－920円＝70円（受取額）

なお、相手科目（先物取引によって生じた損益）は**先物損益**（**営業外費用**または**営業外収益**）で処理します。

以上より、CASE 2⑷の決済時の仕訳は次のようになります。

## CASE 2の仕訳 (4)決済時

| | | | | |
|---|---|---|---|---|
| （現 | 金） | 30 | （先物取引差入証拠金） | 30 |
| （現 | 金） | 70 | （先 物 損 益） | 70 |

なお、前記のように、売却代金と購入代金の差額のみが決済されることを**差金決済**といいます。

⇔ 問題編 ⇔

問題1、2

# CASE 3

# 金利スワップ取引

金利が高くなったら支払利息が増えるニャ。

ドラネコ銀行
変動金利

ゴエモン㈱はドラネコ銀行から変動金利で10,000円を借り入れていますが、変動金利だとこれから金利が高くなったときに不利になるので、マウス銀行と変動金利と固定金利を交換する契約を結びました。

このような場合、どんな処理をすればよいのでしょう？

---

**取引** ゴエモン㈱はドラネコ銀行から変動金利で10,000円を借り入れている。次の一連の取引について仕訳をしなさい（利払日および決算日：3月31日）。

(1) ×1年4月1日 ゴエモン㈱は金利変動リスクを回避するため、想定元本10,000円とする、変動金利と固定金利（年3％）のスワップ契約をマウス銀行と締結した。

(2) ×2年3月31日（利払日） 同日の変動金利は年4％であり、決済は現金によって行う。

(3) ×2年3月31日（決算日） 決算日における金利スワップの時価（金利スワップ資産）は188円である。

---

**用語** **想定元本**…利息を計算するための計算基礎

**変動金利**…そのときの経済情勢によって変わる金利のこと

**固定金利**…借入時の金利が最終返済時まで適用される金利のこと

**スワップ**…交換すること

## 🐾 金利スワップ取引とは？

**金利スワップ取引**とは、変動金利と固定金利を交換する取引をいいます。

## 🐾 金利スワップ契約を締結したときの仕訳…(1)

金利スワップ取引は、契約した時点ではなんの処理もしません。

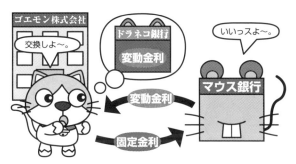

CASE 3 の仕訳　(1)契約時

仕　訳　な　し

## 🐾 利払時の仕訳…(2)

ゴエモン㈱は、ドラネコ銀行から変動金利で借り入れているので、ドラネコ銀行に対して変動金利による利息を支払います。

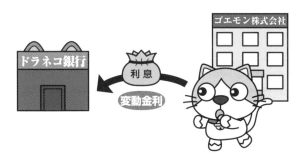

したがって、ドラネコ銀行に対する利息の支払いの仕訳は次のようになります。

これはフツウの利息の支払いの処理ですね。

| （支　払　利　息） | 400 | （現　　　　　金） | 400 |

$$10,000円 \times 4\% = 400円$$

　そして、ゴエモン㈱はマウス銀行と金利スワップ契約を締結しているため、マウス銀行から変動金利による利息を受け取り、マウス銀行に固定金利による利息を支払います。

　CASE 3では、想定元本10,000円（ドラネコ銀行からの借入金と同額）、固定金利は年3％、変動金利は年4％なので、ゴエモン㈱がマウス銀行から受け取る金額のほうが多くなります。

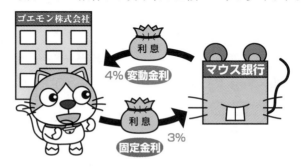

## CASE 3　ゴエモン㈱の受取利息と支払利息
①マウス銀行に支払う利息：10,000円 × 3％ = 300円
②マウス銀行から受け取る利息：10,000円 × 4％ = 400円

　金利スワップ取引の場合、金利の差額のみを決済するので、ゴエモン㈱はマウス㈱から現金100円（400円 − 300円）を受け取ります。

| （現　　　　　金） | 100 | （　　　　　　　） | |

　このときの相手科目（貸方）は、借入金の利息に加減するため**支払利息**で処理します（「金利スワップ差損益」で処理することもあります）。

| （現　　　　　金） | 100 | （支　払　利　息） | 100 |

　以上より、CASE 3の利払時の仕訳は次のようになります。

| | | | | | |
|---|---|---|---|---|---|
| （支 払 利 息） | 400 | （現　　　　金） | 400 |
| （現　　　　金） | 100 | （支 払 利 息） | 100 |

## ● 決算時の仕訳…(3)

　金利スワップ取引をした場合、決算時には金利スワップの価値を時価で評価し、**金利スワップ資産**または**金利スワップ負債**を計上します。

　CASE 3(3)では、金利スワップの時価（金利スワップ資産）が188円なので、金利スワップ資産を計上します。

| | | | |
|---|---|---|---|
| （金利スワップ資産） | 188 | （　　　　　　　） | |

　なお、相手科目（貸方）は**金利スワップ差損益**（**営業外費用**または**営業外収益**）で処理します。

　したがって、CASE 3の決算時の仕訳は次のようになります。

| | | | |
|---|---|---|---|
| （金利スワップ資産） | 188 | （金利スワップ差損益） | 188 |

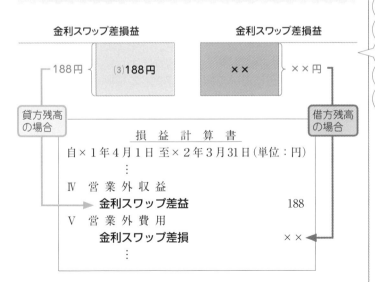

> 金利スワップ差損益が借方残高なら、金利スワップ差損（営業外費用）、貸方残高なら、金利スワップ差益（営業外収益）としてP/Lに表示します。

金利スワップ差損益　　　　　　金利スワップ差損益

|188円| (3)**188円** | | ×× | ××円 |

貸方残高の場合　　　　　　　　　　　　　　　借方残高の場合

損　益　計　算　書
自×1年4月1日 至×2年3月31日（単位：円）
　　　　　　　　　　　　　　⋮
Ⅳ　営　業　外　収　益
　　**金利スワップ差益**　　　　　　　　　188
Ⅴ　営　業　外　費　用
　　**金利スワップ差損**　　　　　　　　　××
　　　　　　　　　　　　　　⋮

⊜ 問題編 ⊜
問題3

# ヘッジ会計

国債先物を売り建てておくか…。

ゴエモン㈱は国債を購入しようとしていますが、国債の購入後、価格が下がってしまうと損失が生じてしまいます。そこで、国債の価格が下がっても、損失を抑える方法がないものかと調べてみたところ、国債先物を売り建てておくとよさそうなことがわかりました。

> 取引 次の一連の取引について仕訳をしなさい（決算日：3月31日）。なお、国債（現物）は全部純資産直入法によって処理し、国債先物取引はヘッジ取引に該当するので、ヘッジ会計（繰延ヘッジ）を適用する。

(1) ×2年2月20日　ゴエモン㈱は国債10口（その他有価証券で処理する）を1口95円で購入し、現金で支払った。また、価格変動リスクを回避するため、国債先物10口を1口97円で売り建て、委託証拠金として30円を現金で支払った。

(2) ×2年3月31日　決算日において国債（現物）の相場は1口93円、国債先物の相場は1口93.5円であった。

(3) ×2年4月1日　期首につき、評価差額を振り戻す。

(4) ×2年4月25日　所有する国債（現物）10口を1口92円で売却し、現金を受け取った。また、国債先物10口について反対売買を行い、差金決済を現金で行った。決済時の国債先物の相場は1口93円であった。

## ヘッジ取引とは？

国債（現物）を購入するとき、同時に国債の先物取引を行うことによって、国債（現物）の価格変動リスクを回避（リスクヘッジ）することができます。

このように、ヘッジ対象（現物の国債など）の価格変動リスクを回避（ヘッジ）するため、デリバティブ（国債先物など）をヘッジ手段として用いる取引を**ヘッジ取引**といいます。

現物取引（買ってから売る）と逆の取引（売ってから買う）をしておけば、現物取引で損失が生じても、損失の額を一定額に抑えることができるのです。

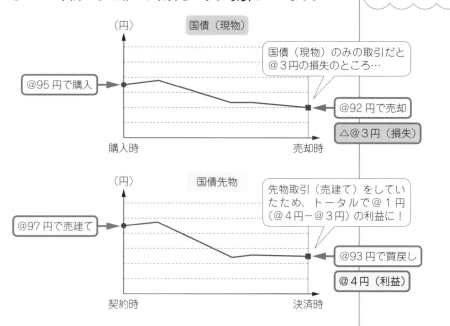

（円）　国債（現物）

@95円で購入

国債（現物）のみの取引だと@3円の損失のところ…

@92円で売却

△@3円（損失）

購入時　　売却時

（円）　国債先物

@97円で売建て

先物取引（売建て）をしていたため、トータルで@1円（@4円－@3円）の利益に！

@93円で買戻し

@4円（利益）

契約時　　決済時

## ヘッジ会計とは？

一定の要件を満たすヘッジ取引について、ヘッジ対象（現物の国債）から生じる損益と、ヘッジ手段（国債先物）から生じる損益を同一の会計期間に認識して、どれだけリスクを回避できたかというヘッジ効果を財務諸表に反映させる会計処理を**ヘッジ会計**といいます。

## 繰延ヘッジと時価ヘッジ

ヘッジ会計の処理方法には、**繰延ヘッジ（原則）**と**時価ヘッジ（例外）**があります。

繰延ヘッジは、時価評価されているヘッジ手段（国債先物）にかかる損益を、ヘッジ対象（現物の国債）にかかる損益が認識されるまで純資産として処理する方法です。

一方、時価ヘッジは、ヘッジ手段（国債先物）にかかる損益を当期の損益として認識する方法です。

## 購入時＆契約時の仕訳…(1)

CASE 4(1)では、国債（現物）10口を@95円で購入しているので、国債（現物）に関する仕訳は次のようになります。

ここでは、繰延ヘッジについてみていきます。時価ヘッジについては「参考」で確認してください。

契約時は繰延ヘッジ、時価ヘッジともに同じ処理になります。

### CASE 4　(1)国債（現物）の処理

| （その他有価証券） | 950 | （現　　　金） | 950 |
|---|---|---|---|

@95円×10口＝950円

また、国債先物について委託証拠金30円を支払っているので、国債先物に関する仕訳は次のようになります。

ほかのデリバティブ取引（スワップ取引など）をヘッジ手段とした場合も、同様に現物（ヘッジ対象）とヘッジ手段を分けて処理していきます。

### CASE 4　(1)国債先物の処理

| （先物取引差入証拠金） | 30 | （現　　　金） | 30 |
|---|---|---|---|

以上より、CASE 4の購入時（契約時）の仕訳は次のようになります。

### CASE 4の仕訳　(1)購入時＆契約時

ヘッジ対象
（現物の国債）

| （その他有価証券） | 950 | （現　　　金） | 950 |
|---|---|---|---|

ヘッジ手段
（国債先物）

| （先物取引差入証拠金） | 30 | （現　　　金） | 30 |
|---|---|---|---|

## 決算時の仕訳…⑵

CASE 4 の国債（現物）はその他有価証券なので、決算において時価（@93円）に評価替えをします。

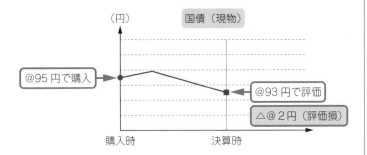

（円）　　　　国債（現物）

@95円で購入 ●

@93円で評価 ■

△@2円（評価損）

購入時　　　　　決算時

### CASE 4　⑵国債（現物）の処理

（その他有価証券評価差額金）　　20　　（その他有価証券）　　20
純資産

（@93円－@95円）×10口＝△20円

またCASE 4 では、@97円で売り建てた国債先物の時価が@93.5円なので、@3.5円（@97円－@93.5円）の先物利益が生じています。したがって、通常ならば貸方「先物損益」として処理します。

> いま決済するなら、@93.5円で買って、@97円で売ることになりますね。

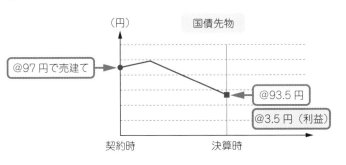

（円）　　　　国債先物

@97円で売建て ●

@93.5円 ■

@3.5円（利益）

契約時　　　　　決算時

しかし、繰延ヘッジによって処理する場合、時価評価されているヘッジ手段（国債先物）に損益（評価差額）が生じていたとしても、ヘッジ対象（現物の国債）に損益が認識されるまで、ヘッジ手段（国債先物）の損益は計上しません。

> 現物の国債を売却して「投資有価証券売却損益」が生じたとき（または部分純資産直入法によって「投資有価証券評価損」が計上されるとき）まで、ということです。

そこで、繰延ヘッジによって処理する場合、決算時に生じた**先物損益は繰延ヘッジ損益（純資産）**という勘定科目で処理します。

## CASE 4 ⑵国債先物の処理

| （先物取引差金） | 35 | （繰延ヘッジ損益）<br>純資産 | 35 |

（@97円－@93.5円）×10口＝35円

　以上より、CASE 4の決算時の仕訳は次のようになります。

## CASE 4の仕訳 ⑵決算時

①現物で損益を計上していないので…

ヘッジ対象
（現物の国債）

| （その他有価証券評価差額金） | 20 | （その他有価証券） | 20 |

ヘッジ手段
（国債先物）

| （先物取引差金） | 35 | （繰延ヘッジ損益） | 35 |

②先物でも損益を計上しません。

| 貸 借 対 照 表 | |
| --- | --- |
| | 純資産の部 |
| | Ⅱ　評価・換算差額等 |
| | その他有価証券評価差額金　　△20 |
| | **繰延ヘッジ損益　　35** |

## ●翌期首の仕訳…⑶

　CASE 4の国債（現物）はその他有価証券なので、決算時に計上した評価差額は翌期首において振り戻します。

　また、決算時に計上した国債先物の値洗差金（評価差額）についても、翌期首において振り戻します。

　したがって、CASE 4の翌期首の仕訳は次のようになります。

## CASE 4の仕訳 ⑶翌期首

| | | | |
|---|---|---|---|
| （その他有価証券） | 20 | （その他有価証券評価差額金） | 20 |

→ ヘッジ対象
（現物の国債）

| | | | |
|---|---|---|---|
| （繰延ヘッジ損益） | 35 | （先物取引差金） | 35 |

→ ヘッジ手段
（国債先物）

## ● 売却時&決済時の仕訳…⑷

CASE 4⑷において、@95円で購入した国債（現物）を@92円で売却しているので、国債（現物）については@3円（@92円－@95円）の売却損が生じています。

> その他有価証券は翌期首に再振替仕訳をするので、取得原価と売却価額との差額が売却損益となります。

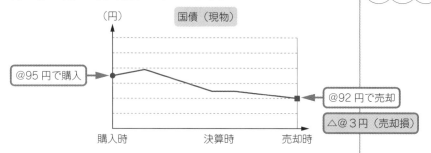

@95円で購入 → 　　　　　　　　　　　　　　　← @92円で売却

△@3円（売却損）

購入時　　　　　決算時　　　　売却時

## CASE 4 ⑷国債（現物）の処理

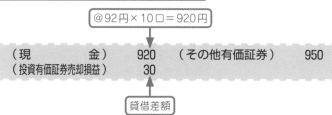

@92円×10口＝920円

| | | | |
|---|---|---|---|
| （現　　　　金） | 920 | （その他有価証券） | 950 |
| （投資有価証券売却損益） | 30 | | |

貸借差額

一方、国債先物については、契約時に支払っていた委託証拠金が戻ってくるので、先物取引差入証拠金を取り消します。

また、反対売買による決済をしている（国債先物を@97円で売り建て、@93円で買い戻している）ため、先物利益が@4円（@97円－@93円）生じています。

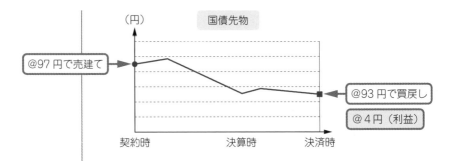

ここで、通常の先物取引の処理（ヘッジ会計を適用しない場合）ならば、仕訳の貸方に「先物損益」を計上しますが、ヘッジ会計を適用する場合は**ヘッジ対象（現物の国債）で生じた損益勘定と同じ勘定科目で処理**します。

これは、ヘッジ取引はヘッジ対象（現物の国債）の価格変動リスクを回避するために行われるため、その効果（国債の売却損をヘッジしていること）を財務諸表に適切に表すためです。

よって、国債先物の決済時の仕訳は次のようになります。

ただし、「先物損益」で処理することもあるので、試験では問題文の指示にしたがってください。

### CASE 4 ⑷国債先物の処理

(@97円－@93円)×10口＝40円(利益)

| （現　　　　金） | 30 | （先物取引差入証拠金） | 30 |
| （現　　　　金） | 40 | （投資有価証券売却損益） | 40 |

通常、ヘッジ対象（現物の国債）で生じた損益勘定と同じ勘定科目で処理します。（「先物損益」で処理することもあります。）

⊖ 問題編 ⊖

問題4

以上より、CASE 4 の売却時（決済時）の仕訳は次のようになります。

### CASE 4 の仕訳 ⑷売却時＆決済時

| ヘッジ対象<br>（現物の国債） | （現　　　　金） | 920 | （その他有価証券） | 950 |
| | （投資有価証券売却損益） | 30 | | |

| ヘッジ手段<br>（国債先物） | （現　　　　金） | 30 | （先物取引差入証拠金） | 30 |
| | （現　　　　金） | 40 | （投資有価証券売却損益） | 40 |

## 時価ヘッジ

　時価ヘッジ（例外）の場合、ヘッジ対象（現物の国債）にかかる評価差額を損益に反映させて、その評価差額と、時価評価されているヘッジ手段（国債先物）にかかる損益を同一の会計期間（当期）に認識します。

　したがって、CASE 4 を時価ヘッジで処理した場合、決算時におけるその他有価証券の評価差額は、たとえ全部純資産直入法を採用していたとしても、「その他有価証券評価差額金」ではなく、「投資有価証券評価損益」で処理します。

> **例**　国債10口（その他有価証券）を1口95円で購入し、価格変動リスクを回避するため、国債先物10口を1口97円で売り建てている。決算日における国債（現物）の相場は1口93円、国債先物の相場は1口93.5円である。なお、国債（現物）は全部純資産直入法によって処理し、国債先物取引はヘッジ取引に該当するので、ヘッジ会計（時価ヘッジ）を適用する。

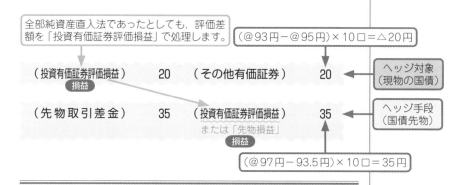

全部純資産直入法であったとしても、評価差額を「投資有価証券評価損益」で処理します。

（@93円－@95円）×10口＝△20円

| （投資有価証券評価損益） | 20 | （その他有価証券） | 20 |

損益

ヘッジ対象（現物の国債）

| （先物取引差金） | 35 | （投資有価証券評価損益） | 35 |

または「先物損益」　損益

ヘッジ手段（国債先物）

（@97円－93.5円）×10口＝35円

## オプション取引

　**オプション取引**とは、特定の金融商品（株式や債券、金利など）を、将来の一定の時点（まで）に、あらかじめ決めておいた価格で買う権利（**コール・オプション**といいます）または売る権利（**プット・オプション**といいます）を売買する取引をいいます。

　オプション取引には、コール・オプションの買い、コール・オプションの売り、プット・オプションの買い、プット・オプションの売りの4とおりがあります。

　ここでは、基本となる**コール・オプションの買い**の処理を、取引の流れにそってみておきましょう。

### (1)　契約時の処理

　コール・オプションを買い建てたとき、買手はオプション料を支払います。

　このオプション料は**オプション資産**等で処理します。

> **例1**　×2年3月1日　株価上昇を見込んでA社株式のコール・オプション（権利行使価格は@2,000円）を1株分購入し、オプション料100円を現金で支払った。なお、権利行使期日は×2年5月31日である。

（オプション資産）　　100　　（現　　　金）　　100

前渡金で処理することもあります。

### (2)　決算時の処理

　決算時には、オプションの価値を時価評価し、評価差額は**オプション差損益**（営業外収益または営業外費用）で処理します。

> **例2**　×2年3月31日　決算日におけるコール・オプションの時価は250円と計算された。

（オプション資産）　　150　　（オプション差損益）　　150

250円－100円＝150円（益）

(3)　翌期首の処理

　翌期首には、決算時に計上した評価差額を振り戻します。

（オプション差損益）　　150　　（オプション資産）　　150

(4)　決済時の処理

　オプション取引の決済方法には、**①反対売買によるオプション
の転売**、**②権利行使によるオプション対象（A社株式）の売買**、
**③権利の放棄**の3つがありますが、ここでは、**①反対売買による
オプションの転売**についてみておきましょう。

　コール・オプションの時価が上昇し、買手がコール・オプショ
ンを転売したときは、計上しているオプション資産を減少させま
す。また、減少するオプション資産とコール・オプションの時価
との差額は**オプション差損益**で処理します。

> **例3**　×2年4月10日　コール・オプションの時価が500円に
> 上昇したので、反対売買（転売）により現金で決済した。

（現　　　　金）　　500　　（オプション資産）　　100
　　　　　　　　　　　　　　（オプション差損益）　　400

> 貸借差額

　なお、オプション対象（A社株式）の時価が権利行使価格より
も低い場合、買手は権利（買う権利）を放棄することになりま
す。
　買手が権利を放棄した場合でも、契約時に支払った（例1で支
払った）オプション料は買手に戻ってきませんので、以前支払っ
たオプション料を当期の損失として処理します（オプション差損
益に振り替えます）。

> 権利を放棄するこ
> とによって、損失
> がオプション料分
> （100円）に抑え
> られるのです。

## 先物取引のまとめ 《一連の流れ》

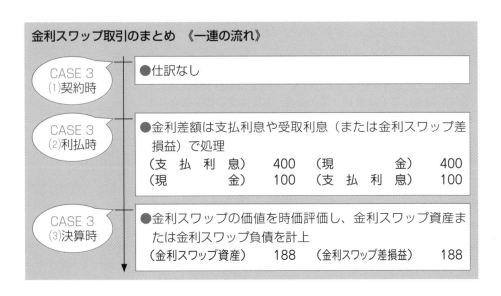

| CASE 2<br>(1)契約時 | ●委託証拠金を先物取引差入証拠金で処理<br>（先物取引差入証拠金）　30　（現　　　金）　30 |
|---|---|
| CASE 2<br>(2)決算時 | ●時価に評価替えし、評価差額は先物損益で処理<br>（先物取引差金）　40　（先物損益）　40 |
| CASE 2<br>(3)翌期首 | ●決算時の先物損益を振り戻す（決算時の逆仕訳）<br>（先物損益）　40　（先物取引差金）　40 |
| CASE 2<br>(4)決済時 | ●先物取引差入証拠金の回収<br>●決済差額は先物損益で処理<br>（現　　　金）　30　（先物取引差入証拠金）　30<br>（現　　　金）　70　（先物損益）　70 |

## 金利スワップ取引のまとめ 《一連の流れ》

| CASE 3<br>(1)契約時 | ●仕訳なし |
|---|---|
| CASE 3<br>(2)利払時 | ●金利差額は支払利息や受取利息（または金利スワップ差損益）で処理<br>（支払利息）　400　（現　　　金）　400<br>（現　　　金）　100　（支払利息）　100 |
| CASE 3<br>(3)決算時 | ●金利スワップの価値を時価評価し、金利スワップ資産または金利スワップ負債を計上<br>（金利スワップ資産）　188　（金利スワップ差損益）　188 |

## ヘッジ会計（先物取引をヘッジ手段とした場合）のまとめ 《一連の流れ》

**CASE 4 (1)購入時＆契約時**

①国債（現物）の処理…購入時の処理
（その他有価証券）　　950　　（現　　　　　金）　　950
②国 債 先 物 の 処 理…契約時の処理
（先物取引差入証拠金）　30　　（現　　　　　金）　　30

**CASE 4 (2)決算時**

●繰延ヘッジ（原則）の場合、ヘッジ手段（国債先物）の損益はヘッジ対象（現物の国債）の損益が認識されるまで純資産とする
①国債（現物）の処理…時価に評価替え
（その他有価証券評価差額金）　20　　（その他有価証券）　　20
②国 債 先 物 の 処 理…時価に評価替え（評価差額は純資産とする）
（先 物 取 引 差 金）　　35　　（繰延ヘッジ損益）　　35

**CASE 4 (3)翌期首**

●決算時の処理を振り戻す（決算時の逆仕訳）

**CASE 4 (4)売却時＆決済時**

①国債（現物）の処理…売却時の処理
（現　　　　　金）　　920　　（その他有価証券）　　950
（投資有価証券売却損益）　30
②国 債 先 物 の 処 理…決済時の処理
（現　　　　　金）　　30　　（先物取引差入証拠金）　　30
（現　　　　　金）　　40　　（投資有価証券売却損益）　　40

---

CASE 1

## デリバティブ取引

●先　物　取　引…将来の一定の時点において、特定の商品を一定の価格で一定の数量だけ売買することを約束する取引
●オプション取引…将来の一定の時点に、一定の価格で特定の商品を売買する権利を売買する取引
●スワップ取引…金利や通貨から生じるキャッシュ・フローを交換する取引

# 第2章

## 外貨換算会計

これまでは国内だけで取引をしていたけど、
今年からは外国企業とも取引を始めた!
この場合、取引額は外貨（ドル）建てなんだけど、
帳簿に記録するときは円貨建てになおすんだよね?

ここでは、外貨換算会計についてみていきましょう。

## CASE 5 外貨建取引の換算

# 外貨建取引① 前払金の支払時の仕訳

ゴエモン㈱では、アメリカのロッキー㈱から雑貨（商品）を仕入れることにしました。そこで、前払金として10ドルを支払ったのですが、このとき、どんな処理をするのでしょう？

**取引** ×2年4月10日 ゴエモン㈱はアメリカのロッキー㈱から商品100ドルを輸入する契約をし、前払金10ドルを現金で支払った。なお、×2年4月10日の為替相場は1ドル100円である。

**用語** 為替相場…外貨建取引を換算する際のレート（為替レート）

### ● 前払金を支払ったときの仕訳

CASE 5のように、日本企業が外国企業と外貨によって取引を行う場合、日本企業（ゴエモン㈱）は、その取引を日本円に換算して処理します。

なお、取引が発生したときは、原則としてその**取引発生時の為替相場**によって換算します。

したがって、CASE 5でゴエモン㈱が支払った前払金10ドルは、4月10日の為替相場で換算した金額で処理します。

> 1ドルが100円なら、10ドルを日本円に換算すると1,000円になります。これは大丈夫ですよね？

**CASE 5の仕訳**

（前　払　金）　1,000　（現　　　金）　1,000

> 10ドル×100円＝1,000円

## 前受金を受け取ったときの仕訳

　仮にCASE 5でゴエモン㈱がロッキー㈱に商品100ドルを輸出する立場で、ロッキー㈱から前受金10ドルを受け取った場合の仕訳は下記のようになります。

（現　　　金）　1,000　（前　受　金）　1,000

> 10ドル×100円＝1,000円

# 外貨建取引② 輸入時の仕訳

ゴエモン㈱では、アメリカのロッキー㈱から雑貨（商品）100ドルを輸入し、先に支払った前払金10ドルとの差額は翌月末日に支払うことにしました。
このとき、どんな処理をするのでしょう？

> 取引 ×2年4月20日 ゴエモン㈱はアメリカのロッキー㈱から商品100ドルを輸入し、×2年4月10日に支払った前払金10ドルとの差額90ドルは翌月末日に支払うこととした。
>
> ［為替相場］ ×2年4月10日：1ドル100円
> ×2年4月20日：1ドル110円

## ●商品を輸入したときの仕訳

　商品を輸入したときは、商品を仕入れたときの処理をしますが、輸入前に前払金を支払っている場合は、まずは前払金（4月10日の為替相場で換算した金額）を減らします。

| ( ) | （前　払　金） | 1,000 |
|---|---|---|

10ドル×100円＝1,000円

　また、差額の90ドルについては翌月末日に支払うため、**買掛金**で処理します。なお、買掛金が発生したのは4月20日なので、買掛金は4月20日の為替相場で換算します。

| （ | | ） | | （前 | 払 | 金） | 1,000 |
| | | | | （買 | 掛 | 金） | 9,900 |

90ドル×110円＝9,900円

輸入金額（100ド
ル）に取引発生日
の為替相場（110
円）を掛けた金額
（11,000円）で
はないので注意！

そして、仕入を計上します。

なお、前払金がある場合は、前払金と買掛金の合計額（貸方合計額）を仕入の金額として計上します。

以上より、CASE 6 の仕訳は次のようになります。

### CASE 6の仕訳

| （仕 | | 入） | 10,900 | （前 | 払 | 金） | 1,000 |
| | | | | （買 | 掛 | 金） | 9,900 |

貸方合計

## ● 商品を輸出したときの仕訳

仮にCASE 6 で、ゴエモン㈱がロッキー㈱に商品100ドルを輸出する立場で、前受金10ドルを受け取っている場合の仕訳は次のようになります。

10ドル×100円＝1,000円

| （前 | 受 | 金） | 1,000 | （売 | | 上） | 10,900 |
| （売 | 掛 | 金） | 9,900 | | | | |

借方合計

90ドル×110円＝9,900円

# 外貨建取引③　決済時の仕訳

ってことは、支払う金額は…？

**本日の為替相場**
**1ドル＝105円**

買掛金
$90

?円

1ドル110円で換算されている。

アメリカのロッキー㈱から輸入した商品の掛代金90ドルを、今日、現金で支払いました。
輸入時と決済時の為替相場が異なるのですが、この場合、どのように処理するのでしょう？

---

**取引**　×2年5月31日　ゴエモン㈱は×2年4月20日に発生した買掛金90ドルを現金で支払った。

[為替相場]　×2年4月20日：1ドル110円
　　　　　　×2年5月31日：1ドル105円

---

## 買掛金を決済したときの仕訳

　買掛金を支払ったときには、発生時（4月20日）の為替相場（110円）で換算した買掛金を減らします。

| （買　掛　金） | 9,900 | （　　　　　　） | |
|---|---|---|---|

90ドル×110円＝9,900円

　また、現金については決済時（5月31日）の為替相場（105円）で換算します。

| （買　掛　金） | 9,900 | （現　　　金） | 9,450 |
|---|---|---|---|

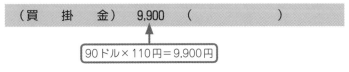

90ドル×105円＝9,450円

ここまでの仕訳をみてもわかるように、買掛金の発生時と決済時の為替相場が異なるときは、貸借差額が生じます。

　この為替相場の変動から生じた差額は、**為替差損益**（営業外費用または営業外収益）で処理します。

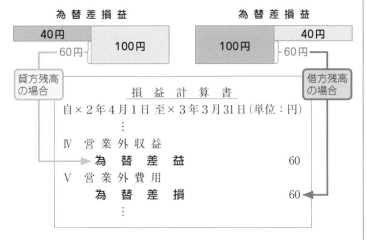

損 益 計 算 書

自×2年4月1日 至×3年3月31日（単位：円）

⋮

Ⅳ　営 業 外 収 益

　　**為 替 差 益**　　　　　　60

Ⅴ　営 業 外 費 用

　　**為 替 差 損**　　　　　　60

⋮

　以上より、CASE 7の仕訳は次のようになります。

### CASE 7の仕訳

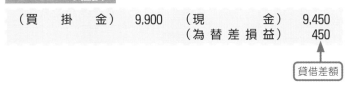

（買　　掛　　金）　9,900　（現　　　　　金）　9,450

　　　　　　　　　　　　　（為 替 差 損 益）　　450

貸借差額

## ●売掛金を決済したときの仕訳

　仮にCASE 7で、ゴエモン㈱がロッキー㈱に商品を輸出する立場で、売掛金90ドルが決済されたときの仕訳は次のようになります。

90ドル×105円＝9,450円　　90ドル×110円＝9,900円

（現　　　　　金）　9,450　（売　　掛　　金）　9,900

（為 替 差 損 益）　　450

貸借差額

⇔ 問題編 ⇔

問題5、6

荷為替手形の処理についてはテキストⅡで学習しました。ここでは外貨建ての荷為替手形の処理についてみていきます。

## 外貨建荷為替手形

**荷為替手形**とは、所有する貨物代表証券を担保にして、振り出した自己受為替手形をいいます。

(1) 外貨建てで荷為替を取り組んだときの仕訳 (売主の仕訳)

売主が荷為替を取り組んだときは、①**自己受為替手形の振出し**と②**自己受為替手形の割引き**を合わせた処理をします。

なお、外貨建ての場合には、**取引発生時の為替相場**で換算します。

商品を船便で海外に輸出する場合、売手がどのタイミングまで商品に対する責任を負うのかで収益の認識時点が異なります。本書では、船に商品を積んだ時点で責任を果たしたことを前提として説明しています。

> **例1** ゴエモン㈱は、CAT㈱に商品30ドルを船便で発送し (売り上げ)、その際、取引銀行で額面30ドルの荷為替を取り組み、200円が差し引かれた残額を当座預金口座に預け入れた。なお、当日の為替相場は1ドル100円である。

30ドル×100円=3,000円

①自己受為替手形の振出し

（受 取 手 形）　3,000　　（売　　　　上）　3,000

⊕

②自己受為替手形の割引き

（手 形 売 却 損）　　200　　（受 取 手 形）　3,000
（当 座 預 金）　2,800　　　　　　3,000円-200円=2,800円

荷為替の取組み

（手 形 売 却 損）　　200　　（売　　　　上）　3,000
（当 座 預 金）　2,800

(2) 外貨建ての荷為替を引き受けたときの仕訳 (買主の仕訳)

買主が荷為替を引き受けたときは、売主が振り出した自己受為替手形を引き受けたことになります。したがって、**支払手形 (負債) の増加**として処理します。

なお、外貨建ての場合には、**取引発生時の為替相場**で換算します。

例2 ゴエモン㈱はDOG㈱に商品30ドルを注文した。その
際、30ドルについて取引銀行から荷為替の引受けを求
められたので、これを引き受け、船荷証券を受け取った
（商品はまだ届いていない）。なお、当日の為替相場は1
ドル100円である。

30ドル×100円＝3,000円

（未　　着　　品）　3,000　（支　払　手　形）　3,000 ◀── 荷為替の引受け

まだ商品が届いていないので
未着品（資産）で処理します。

　その後、貨物代表証券と引換えに商品を受け取ったときは、**未
着品（資産）**から**仕入（費用）**に振り替えます。

例3 ゴエモン㈱は 例2 の船荷証券と引換えに商品30ドルを
受け取った。なお、当日の為替相場は1ドル105円であ
る。

（仕　　　　　入）　3,000　（未　　着　　品）　3,000 ◀── 商品の仕入

# 決算時の換算

え～と、換算替えはするのかな？

×3年
3/31
決算日

経理マニュアル

**本日の為替相場**
**1ドル＝108円**

❓ ×3年3月31日（決算日）。

決算日において、外貨建ての売掛金や借入金がありますが、これらの資産や負債は決算時の為替相場で換算しなおさなくてもよいのでしょうか？

---

**例** 次の資料にもとづき、決算整理後残高試算表を作成しなさい（当期：×2年4月1日～×3年3月31日）。

[資料1] 決算整理前残高試算表

決算整理前残高試算表　　（単位：円）

| | | | | | | | |
|---|---|---|---|---|---|---|---|
| 現 | 金 | 5,000 | 買 | 掛 | 金 | | 15,600 |
| 売 掛 | 金 | 16,000 | 前 | 受 | 金 | | 1,380 |
| 前 払 | 金 | 1,140 | 長 期 借 入 | 金 | | 14,040 |

[資料2] 決算整理事項
決算整理前残高試算表の資産・負債のうち、外貨建てのものは次のとおりである。なお、決算時の為替相場は1ドル108円である。

| 資産・負債 | 帳 簿 価 額 | 取引発生時の為替相場 |
|---|---|---|
| 現　　　金 | 3,000円　（30ドル） | 1ドル100円 |
| 売　掛　金 | 11,000円（100ドル） | 1ドル110円 |
| 前　払　金 | 1,020円　（10ドル） | 1ドル102円 |
| 買　掛　金 | 8,720円　（80ドル） | 1ドル109円 |
| 前　受　金 | 848円　（8ドル） | 1ドル106円 |
| 長期借入金 | 12,600円（120ドル） | 1ドル105円 |

## 決算時の処理

外貨建ての資産および負債は、取得時または発生時の為替相場（**HR**）で換算された金額で計上されていますが、決算時には外貨建ての資産および負債のうち、**貨幣項目**については、決算時の為替相場（**CR**）によって換算した金額を貸借対照表価額とします。

取得時または発生時の為替相場はヒストリカル・レートというのでHRで表します。また、決算時の為替相場はカレント・レートというのでCRで表します。

なお、貨幣項目とは外国通貨や外貨預金、外貨建ての金銭債権債務をいい、次のようなものがあります。

| 分　類 | | 項　　目 |
|---|---|---|
| 貨幣項目 | 資産 | 外国通貨、外貨預金、受取手形、売掛金、未収入金、貸付金、未収収益　など |
| | 負債 | 支払手形、買掛金、未払金、社債、借入金、未払費用　など |
| 非貨幣項目 | 資産 | 棚卸資産、前払金、前払費用、固定資産　など |
| | 負債 | 前受金、前受収益　など |

決算時の為替相場で換算替えをする **CR**

決算時の為替相場で換算替えをしない **HR**

また、換算替えで生じた差額は**為替差損益**（**営業外費用**または**営業外収益**）で処理します。

「未収」「未払」など「未」がつくものは換算替えをし、「前払」「前受」など「前」がつくものは換算替えをしないと覚えておきましょう。

以上より、CASE 8の資産および負債の換算替えの処理と決算整理後残高試算表は以下のようになります。

### (1) 現金

現金は貨幣項目なので、決算時の為替相場で換算替えをします。

| （現　　　　金） | 240 | （為 替 差 損 益） | 240 |
|---|---|---|---|

①B/S価額：30ドル×108円＝3,240円
②帳簿価額：3,000円
③3,240円－3,000円＝240円（増加）

B/S価額…貸借対照表価額

## (2) 売掛金

売掛金は貨幣項目なので、決算時の為替相場で換算替えをします。

| （為 替 差 損 益） | 200 | （売 掛 金） | 200 |
|---|---|---|---|

①B/S価額：100ドル×108円＝10,800円
②帳簿価額：11,000円
③10,800円－11,000円＝△200円（減少）

## (3) 前払金

前払金は貨幣項目ではないので、換算替えをしません。

仕 訳 な し

## (4) 買掛金

買掛金は貨幣項目なので、決算時の為替相場で換算替えをします。

| （買 掛 金） | 80 | （為 替 差 損 益） | 80 |
|---|---|---|---|

①B/S価額：80ドル×108円＝8,640円
②帳簿価額：8,720円
③8,640円－8,720円＝△80円（減少）

## (5) 前受金

前受金は貨幣項目ではないので、換算替えをしません。

仕 訳 な し

## (6) 長期借入金

借入金は貨幣項目なので、決算時の為替相場で換算替えをします。

（為 替 差 損 益）　　360　　（長 期 借 入 金）　　360

①B/S価額：120ドル×108円＝12,960円
②帳簿価額：12,600円
③12,960円－12,600円＝360円（増加）

以上より、CASE 8の決算整理後残高試算表は次のようになります。

### CASE 8の決算整理後残高試算表

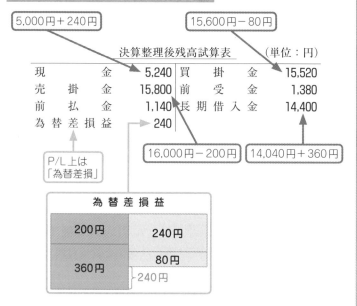

| 5,000円＋240円 | | 15,600円－80円 | |
|---|---|---|---|

決算整理後残高試算表　　　　（単位：円）

| 現　　　　　金 | 5,240 | 買　　掛　　金 | 15,520 |
|---|---|---|---|
| 売　　掛　　金 | 15,800 | 前　　受　　金 | 1,380 |
| 前　　払　　金 | 1,140 | 長 期 借 入 金 | 14,400 |
| 為 替 差 損 益 | 240 | | |

P/L上は
「為替差損」

16,000円－200円　　14,040円＋360円

為 替 差 損 益

| 200円 | 240円 |
|---|---|
| 360円 | 80円 |
| | 240円 |

⊖ 問題編 ⊖
問題7

# 外貨建売買目的有価証券の換算

時価評価…だよね？
換算レートは？

A社株式
売買目的

CR：108円

HR：100円

❓ ×3年3月31日（決算日）。

有価証券には時価と原価がありますが、決算日において外貨建ての売買目的有価証券はどのように換算するのでしょうか？

---

例　次の資料にもとづき、決算整理仕訳をしなさい（当期：×2年4月1日〜×3年3月31日）。なお、決算時の為替相場は1ドル108円である。

［資　料］

| 銘　　　柄 | 保有目的 | 取得原価 | 取得時の為替相場 | 時　　　価 |
|---|---|---|---|---|
| A社株式 | 売買目的 | 20ドル | 100円 | 18ドル |

---

このテキストでは、時価をCC（カレント・コスト）、取得原価をHC（ヒストリカル・コスト）で表します。

## ● 売買目的有価証券の換算

　外貨建ての売買目的有価証券は、外貨による**時価（CC）**を**決算時の為替相場（CR）**で換算した金額を貸借対照表価額とします。

　そして、換算によって生じた差額は**有価証券評価損益**（**営業外費用**または**営業外収益**）で処理します。

## 外貨建売買目的有価証券の換算

① B/S価額＝時価（CC）×決算時の為替相場（CR）

② 取得原価＝原価（HC）×取得時の為替相場（HR）

③ 換算差額＝①－② → 有価証券評価損益

以上より、CASE 9の決算整理仕訳は次のようになります。

### CASE 9の仕訳

（有価証券評価損益）　　　56　　（売買目的有価証券）　　　56

①B/S価額：18ドル×108円＝1,944円
②取得原価：20ドル×100円＝2,000円
③換算差額：1,944円－2,000円＝△56円

なお、ボックス図を作ると次のようになります。

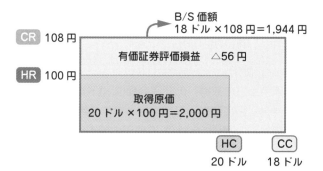

B/S価額
18ドル×108円＝1,944円

CR 108円

有価証券評価損益　△56円

HR 100円

取得原価
20ドル×100円＝2,000円

HC　　CC
20ドル　18ドル

外貨建有価証券の場合は、内側に過去（取得時）のデータを記入し、外側に現在（決算時）のデータを記入します。

⇔ 問題編 ⇔
問題8

# 外貨建満期保有目的債券の換算

う〜む…。

CR:108円

B社社債　HR:105円

C社社債　HR:109円

満期保有目的

つづいて、外貨建満期保有目的債券の換算についてみてみましょう。

---

**例**　次の資料にもとづき、決算整理仕訳をしなさい（当期：×2年4月1日〜×3年3月31日）。なお、決算時の為替相場は1ドル108円、期中平均相場は1ドル106円である。

[資料1]

| 銘　　柄 | 保有目的 | 取得原価 | 取得時の為替相場 | 時　　価 |
|---|---|---|---|---|
| B社社債 | 満期保有目的 | 10ドル | 105円 | 12ドル |
| C社社債 | 満期保有目的 | 180ドル | 109円 | 190ドル |

[資料2]

1．B社社債（×2年4月1日に取得）の額面金額は10ドルである。
2．C社社債（×2年4月1日に取得、満期日は×6年3月31日）の額面金額は200ドルであり、額面金額と取得原価の差額は償却原価法（定額法）によって償却する。

---

## ●　満期保有目的債券の換算

　外貨建ての満期保有目的債券の貸借対照表価額は、償却原価法を適用しているかどうかによって計算の方法が少し異なります。

## (1) 償却原価法を適用していない場合

償却原価法を適用していない場合は、外貨による**原価（HC）**を**決算時の為替相場（CR）**で換算した金額を貸借対照表価額とし、換算によって生じた差額は**為替差損益**（**営業外費用**または**営業外収益**）で処理します。

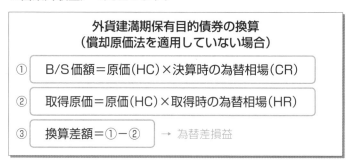

外貨建満期保有目的債券の換算
（償却原価法を適用していない場合）

① B/S価額＝原価(HC)×決算時の為替相場(CR)

② 取得原価＝原価(HC)×取得時の為替相場(HR)

③ 換算差額＝①－②　→　為替差損益

したがって、CASE10のB社社債（償却原価法を適用していない）の決算整理仕訳は次のようになります。

**CASE10の仕訳（B社社債）**

（満期保有目的債券）　　30　　（為替差損益）　　30

①B/S価額：10ドル×108円＝1,080円
②取得原価：10ドル×105円＝1,050円
③換算差額：1,080円－1,050円＝30円

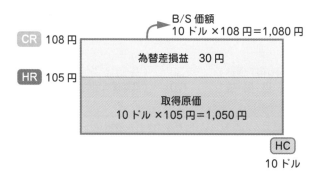

B/S価額
10ドル×108円＝1,080円

CR　108円

為替差損益　30円

HR　105円

取得原価
10ドル×105円＝1,050円

HC
10ドル

## (2) 償却原価法を適用している場合

償却原価法を適用している場合は、外貨による**償却原価**（取

得原価＋償却額）を**決算時の為替相場（CR）**で換算した金額
を、貸借対照表価額とします。また、換算によって生じた差額
は**為替差損益（営業外費用**または**営業外収益）**で処理します。

　なお、償却原価法を適用する場合の当期の償却額（有価証券
利息）は、外貨による当期償却額に**期中平均相場（AR）**を掛
けて計算します。

このテキストで
は、期中平均相場
を AR（アベレー
ジ・レート）で表
します。

---

### 外貨建満期保有目的債券の換算
### （償却原価法を適用している場合）

① B / S 価 額＝償却原価(外貨)×決算時の為替相場(CR)

② 取 得 原 価＝原価(HC)×取得時の為替相場(HR)

③ 当期償却額＝当期償却額(外貨)×期中平均相場(AR)

→ 有価証券利息

④ 換 算 差 額＝①－（②＋③）　→ 為替差損益

---

　したがって、CASE10のC社社債（償却原価法を適用してい
る）の決算整理仕訳は次のようになります

### CASE10の仕訳（C社社債）

（200ドル－180ドル）÷4年＝5ドル
5ドル×106円＝530円

| （満期保有目的債券） | 530 | （有 価 証 券 利 息） | 530 |
| （為 替 差 損 益） | 170 | （満期保有目的債券） | 170 |

①B / S 価 額：（180ドル＋5ドル）×108円＝19,980円
②取 得 原 価：180ドル×109円＝19,620円
③当期償却額：530円
④換 算 差 額：19,980円－（19,620円＋530円）＝△170円

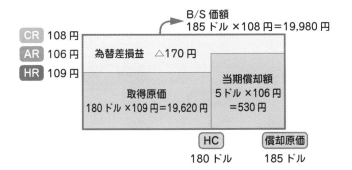

B/S 価額
185 ドル ×108 円＝19,980 円

CR 108 円

AR 106 円

HR 109 円

為替差損益　△170 円

当期償却額
5 ドル ×106 円
＝530 円

取得原価
180 ドル ×109 円＝19,620 円

HC
180 ドル

償却原価
185 ドル

⊖ 問題編 ⊖
問題9

# 外貨建その他有価証券の換算

つづいて、外貨建その他有価証券の換算についてみてみましょう。

その他有価証券は…？

CR：108円

D社株式　HR：102円

E社株式　HR：110円

---

**例**　次の資料にもとづき、決算整理仕訳をしなさい（当期：×2年4月1日〜×3年3月31日）。なお、決算時の為替相場は1ドル108円であり、全部純資産直入法を採用する。

［資　料］

| 銘　　柄 | 保有目的 | 取得原価 | 取得時の為替相場 | 時　　価 |
|---|---|---|---|---|
| D社株式 | その他 | 10ドル | 102円 | 12ドル |
| E社株式 | その他 | 20ドル | 110円 | —<br>（市場価格なし） |

---

## ● その他有価証券の換算

> 部分純資産直入法で、評価損が生じる場合は「投資有価証券評価損」で処理します。

　その他有価証券のうち、時価がある株式は時価に評価替えします。したがって、外貨による**時価（CC）を決算時の為替相場（CR）**で換算した金額を貸借対照表価額とします。

　また、換算によって生じた差額は**その他有価証券評価差額金**（全部純資産直入法の場合）で処理します。

　なお、市場価格のない株式等については、外貨による**原価（HC）を決算時の為替相場（CR）**で換算した金額を貸借対照表価額とします。

## 外貨建その他有価証券の換算

① B/S価額＝時価(CC)* ×決算時の為替相場(CR)

\*または原価（HC）

② 取得原価＝原価(HC)×取得時の為替相場(HR)

③ 換算差額＝①－② → その他有価証券評価差額金
（または投資有価証券評価損）

したがって、CASE11の決算整理仕訳は次のようになります。

### CASE11の仕訳（D社株式）

（その他有価証券）　　276　　（その他有価証券評価差額金）　　276

①B/S価額：12ドル×108円＝1,296円
②取得原価：10ドル×102円＝1,020円
③換算差額：1,296円－1,020円＝276円

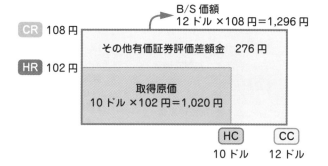

B/S価額
12ドル×108円＝1,296円

CR 108円

その他有価証券評価差額金　276円

HR 102円

取得原価
10ドル×102円＝1,020円

HC　　CC
10ドル　12ドル

### CASE11の仕訳（E社株式）

（その他有価証券評価差額金）　　40　　（その他有価証券）　　40

①B/S価額：20ドル×108円＝2,160円
②取得原価：20ドル×110円＝2,200円
③換算差額：2,160円－2,200円＝△40円

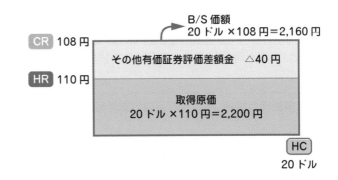

B/S 価額
20 ドル ×108 円＝2,160 円

CR 108 円

HR 110 円

その他有価証券評価差額金　△40 円

取得原価
20 ドル ×110 円＝2,200 円

HC
20 ドル

### その他有価証券が債券の場合の容認規定

　CASE11でみたように、その他有価証券の換算によって生じた
差額はその他有価証券評価差額金（または投資有価証券評価損）
で処理しますが、その他有価証券が債券の場合には、換算差額の
うち時価の変動にかかる差額については、その他有価証券評価差
額金（または投資有価証券評価損）で処理し、それ以外の部分に
ついては為替差損益で処理することができます。

これは、あくまで
も容認規定です。

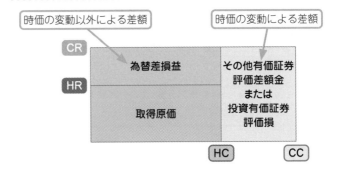

時価の変動以外による差額

時価の変動による差額

CR

HR

為替差損益

取得原価

その他有価証券
評価差額金
または
投資有価証券
評価損

HC

CC

⇔ 問題編 ⇔
問題10

# 外貨建子会社株式・関連会社株式の換算

子会社株式は評価替え
はしないはず…。

F社株式

通常、子会社株式や関
連会社株式は期末に評
価替えをしませんが、外貨建
ての子会社株式等については
どのように処理するのでしょ
う?

例　次の資料にもとづき、決算整理仕訳をしなさい (当期:×2年4
月1日～×3年3月31日)。なお、決算時の為替相場は1ドル108
円である。

[資　料]

| 銘　　柄 | 保有目的 | 取得原価 | 取得時の為替相場 | 時　　価 |
|---|---|---|---|---|
| F社株式 | 子会社株式 | 10ドル | 105円 | 12ドル |

## ● 子会社株式・関連会社株式の換算

　外貨建子会社株式・関連会社株式については、外貨による**原
価 (HC) を取得時の為替相場 (HR)** で換算した金額を貸借
対照表価額とします。

　したがって、換算差額は生じません。

### CASE12の仕訳

仕 訳 な し

## CASE 13　外貨建有価証券の換算

# 外貨建有価証券の減損処理

ゴエモン㈱が所有するG社株式は子会社株式ですが、時価が著しく下落していて回復の見込みはありません。また、H社株式は関連会社株式ですが、その実質価額は著しく下落しています。
このような場合、どんな処理をするのでしょう?

> **例** 次の資料にもとづき、決算整理仕訳をしなさい（当期：×2年4月1日〜×3年3月31日）。なお、決算時の為替相場は1ドル108円である。
>
> [資料1]
>
> | 銘　　柄 | 保有目的 | 取得原価 | 取得時の為替相場 | 時　　価 |
> |---|---|---|---|---|
> | G社株式 | 子会社株式 | 10ドル | 105円 | 4ドル |
> | H社株式 | 関連会社株式 | 30ドル | 110円 | —<br>(市場価格なし) |
>
> [資料2]
> 1. G社株式の時価の下落は著しい下落であり、回復の見込みはない。
> 2. ゴエモン㈱はH社の発行済株式のうち20%を取得している。H社株式の実質価額が著しく下落したので、実価法によって評価する。なお、期末におけるH社の総資産は600ドル、総負債は540ドルである。

### 外貨建有価証券の減損処理

　外貨建有価証券の時価が著しく下落したときは、回復の見込みがあると認められる場合を除いて、外貨による**時価（CC）**を**決算時の為替相場（CR）**で換算した金額を貸借対照表価額

こっちは時価がすごく下がっていて…

こっちは実質価額がすごく下がっている…。

G社株式　子会社株式

H社株式　関連会社株式

とします。

　また、市場価格のない株式の実質価額が著しく下落した場合は、外貨による**実質価額**を決算時の為替相場（CR）で換算した金額を貸借対照表価額とします。

　なお、そのときの換算差額は「**子会社株式評価損**」や「**投資有価証券評価損**」などの勘定科目で処理し、損益計算書上の**特別損失**に表示します。

> 処理自体は円貨建ての場合と同様です。

---

### 外貨建有価証券の減損処理

① B/S価額＝時価（CC）*×決算時の為替相場（CR）

　　　　　　　　　　　　　　　　　*または実質価額

② 取得原価＝原価（HC）×取得時の為替相場（HR）

③ 換算差額＝①−②　→ 特別損失

---

　以上より、CASE13の決算整理仕訳は次のようになります。

### CASE13の仕訳（G社株式）

（子会社株式評価損）　618　（子 会 社 株 式）　618

特別損失

> ①B/S価額：4ドル×108円＝432円
> ②取得原価：10ドル×105円＝1,050円
> ③換算差額：432円−1,050円＝△618円

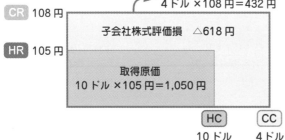

　　　　　　　　　　　　B/S価額
　　　　　　　　　　　　4ドル×108円＝432円

CR 108円

　　　　子会社株式評価損　△618円

HR 105円

　　　取得原価
　　　10ドル×105円＝1,050円

HC　　CC
10ドル　4ドル

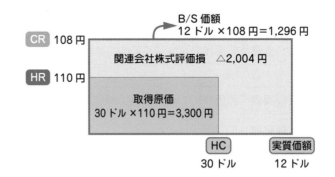

CASE13の仕訳（H社株式）

（関連会社株式評価損） 2,004 （関連会社株式） 2,004
特別損失

①B/S価額：12ドル*×108円＝1,296円
　＊（600ドル－540ドル）×20％＝12ドル
②取得原価：30ドル×110円＝3,300円
③換算差額：1,296円－3,300円＝△2,004円

B/S価額
12ドル×108円＝1,296円

CR 108円

関連会社株式評価損　△2,004円

HR 110円

取得原価
30ドル×110円＝3,300円

HC　　　実質価額
30ドル　　12ドル

とても
重要

## 外貨建有価証券の換算のまとめ

外貨建有価証券の換算についてまとめると、次のとおりで
す。

| 分　　類 | 貸借対照表価額 | | 換算差額の処理 |
|---|---|---|---|
| 売 買 目 的 有 価 証 券 | CC × CR | | 有価証券評価損益 |
| 満 期 保 有 目 的 債 券 | 原　　則 | HC × CR | 為替差損益 |
| | 償却原価法 | 償却原価 × CR | |
| そ の 他 有 価 証 券 | 時価あり | CC × CR | その他有価証券評価差額金<br>（または投資有価証券評価損） |
| | 市場価格のない<br>株式等 | HC × CR | |
| 子会社株式・関連会社株式 | HC × HR | | ― |
| 強 制 評 価 減 | CC × CR | | 投資有価証券評価損<br>子会社株式評価損 など |
| 実 　 価 　 法 | 実質価額 × CR | | |

問題編
問題11

# CASE 14 為替予約

## 取引発生時（まで）に為替予約を付した場合の処理① 営業取引

円安(1ドル116円)になったら支払額が増えちゃう！

×3年 2/1

**本日の為替相場**
**1ドル＝113円**

買掛金
$100

ゴエモン㈱はロッキー㈱から商品を輸入し、代金は3か月後に支払うことにしました。現在の為替相場は1ドル113円ですが、もし3か月後に1ドル116円になってしまうと、その分支払いが増えてしまいます。そこで何かいい手がないかと調べてみたところ、為替予約というものがありました。

---

**取引** 次の一連の取引について仕訳しなさい（振当処理による）。

(1) ×3年2月1日　ゴエモン㈱はロッキー㈱から商品100ドルを輸入し、代金は3か月後に支払うことにした。また、取引と同時に為替予約を行った。取引時の直物為替相場は1ドル113円、先物為替相場（予約レート）は1ドル110円である。

(2) ×3年3月31日　決算日を迎えた。決算時の直物為替相場は1ドル115円である。

(3) ×3年4月30日　(1)の買掛金100ドルを現金で支払った。決済時の直物為替相場は1ドル116円である。

**用語** **直物為替相場**…直物（現物）取引に適用される為替相場
**先物為替相場**…先物（先渡）取引に適用される為替相場

---

### 為替予約とは？

CASE14では、取引発生時に買掛金100ドルが発生しており、この買掛金の決済は3か月後に行われます。したがって、実際

１ドル100円な
ら10,000円（100
ドル×100円）
の支払いですみま
すが、１ドル116
円だと11,600円
（100ドル×116
円）も支払わなけ
ればなりません。

の現金支払額は、買掛金100ドルに３か月後の為替相場を掛け
た金額となります。

　ここで、もし３か月後の為替相場がいまよりも円高（たとえ
ば１ドル100円）になった場合は、支払う金額が少なくてすみ
ますが、円安（たとえば１ドル116円）になった場合は、支払
う金額が増えてしまいます。

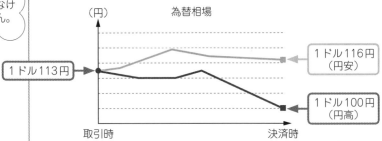

　このような為替相場の変動によって生じる不確実性（リス
ク）を回避（ヘッジ）するため、あらかじめ決済時の為替相場
を契約で決めておくことができます。これを**為替予約**といいま
す。

## 独立処理と振当処理

　為替予約の処理には、**独立処理（原則）**と**振当処理（容認）**
という２つの方法があります。

　独立処理とは、外貨建取引（ヘッジ対象）と為替予約取引
（ヘッジ手段）を別個のものとして処理する方法をいいます。

　一方、振当処理とは、外貨建取引（ヘッジ対象）と為替予約
取引（ヘッジ手段）を一体のものとして処理する方法をいいま
す。

原則は独立処理で
すが、試験の出題
可能性を考慮し
て、このテキスト
では振当処理を前
提として説明しま
す。なお、独立処
理 に つ い て は
CASE16の参考で
確認してください。

## 取引発生時(まで)に為替予約を付した場合の処理…(1)

　CASE14(1)では、仕入取引について取引発生時（輸入時）に
為替予約を行っています。このように取引発生時（まで）に為
替予約を付したときは、外貨建債権債務（CASE14では買掛金）
を為替予約時の先物為替相場（これを**予約レート**といいます）
で換算します。

以上より、CASE14の取引発生時の仕訳は次のようになります。

## CASE14の仕訳 (1)取引発生時＝為替予約時

（仕　　　　入）11,000　　（買　掛　金）11,000

100ドル×110円＝11,000円

### ● 決算時の処理…(2)

営業取引について、取引発生時（まで）に為替予約を付した
場合は、決算時において買掛金等の換算替えを行いません。

営業取引とは、仕
入取引や売上取引
などをいいます。
これに対して資金
の借入れや貸付け
などを資金取引と
いいます。

## CASE14の仕訳 (2)決算時

仕 訳 な し

### ● 決済時の処理…(3)

為替予約を付した場合は、為替予約時の先物為替相場（予約
レート）によって決済が行われます。

なお、為替予約時に買掛金等が予約レートによって換算され
ているため、換算差額（為替差損益）は生じません。

## CASE14の仕訳 (3)決済時

（買　掛　金）11,000　　（現　　　　金）11,000

100ドル×110円＝11,000円

このように、為替予約を付しておくと、決済時の直物為替相
場（CASE14では1ドル116円）にかかわらず、予約レート
（CASE14では1ドル110円）によって決済されるので、為替
相場の変動によるリスク（損失）を回避することができるので
す。

⇔ 問題編 ⇔
問題12

## CASE 15　為替予約

# 取引発生時（まで）に為替予約を付した場合の処理②　資金取引

決済時に円安になるかもしれないから、為替予約をしておこう。

借入金 $100

11,300円

100ドル×113円

ゴエモン㈱は、アメリカのベイダー㈱から営業資金100ドルを借り入れるとともに、為替予約を付しました。CASE14でみた営業取引とは異なり、資金取引の場合は決算時に処理が必要とのことですが、決算時にどのような処理をするのでしょう？

---

**取引**　次の一連の取引について仕訳しなさい（振当処理）。

(1)　×3年2月1日　ゴエモン㈱はベイダー㈱から現金100ドルを借り入れた（決済日は×4年1月31日）。また、取引と同時に為替予約を行った。取引時の直物為替相場は1ドル113円、先物為替相場（予約レート）は1ドル110円である。

(2)　×3年3月31日　決算日を迎えた。決算時の直物為替相場は1ドル115円、先物為替相場は1ドル112円である。

(3)　×4年1月31日　(1)の借入金100ドルを現金で返済した。決済時の直物為替相場は1ドル116円である。

---

### ●取引発生時（まで）に為替予約を付した場合の処理…(1)

CASE15は現金100ドルを借り入れて、同時に借入金100ドル（1年後に返済）に対して為替予約を付しています。

借入時にゴエモン㈱が受け取る金額は、現金100ドルを借入時の直物為替相場（1ドル113円）で換算した金額となります。

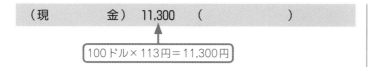

|（現|金）|11,300|（||）||
|---|---|---|---|---|---|---|

100ドル×113円＝11,300円

　また、借入金には為替予約を付しているので、返済時の支払
額は100ドルを先物為替相場（1ドル110円）で換算した金額
となります。したがって、借入金100ドルは先物為替相場（1
ドル110円）で換算します。

|（現|金）|11,300|（借|入|金）|11,000|
|---|---|---|---|---|---|---|

100ドル×110円＝11,000円

> 借方は直物為替相場で、貸方は先物為替相場で換算しているので、差額が生じます。

　このとき、上記の仕訳をみてもわかるように、貸借差額が生
じています。
　この貸借差額は為替相場の違いから生じた差額なので為替差
損益ですが、これは、為替予約時（当期）から決済時（次期）
までの期間で発生する損益なので、次期分も含まれています。
したがって、この時点では**前払費用**または**前受収益**で処理して
おきます。

> 決算時に当期分だけ為替差損益に振り替えます。

　以上より、CASE15の取引発生時の仕訳は次のようになりま
す。

### CASE15の仕訳　⑴取引発生時＝為替予約時

|（現|金）|11,300|（借|入|金）|11,000|
|---|---|---|---|---|---|---|
|||　|（前|受|益）|300|

貸借差額

> 貸借差額が借方に生じたら資産の項目である前払費用で処理し、貸方に生じたら負債の項目である前受収益で処理します。

### ● 決算時の処理…⑵

　決算時には、取引発生時（為替予約時）に生じた前受収益ま
たは前払費用を当期分と次期分に期間按分し、当期分を**為替差
損益**に振り替えます。

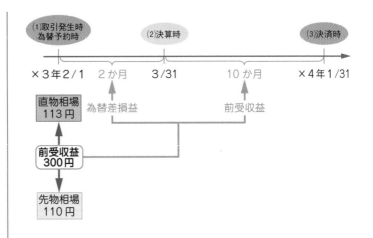

したがって、CASE15の決算時の仕訳は次のようになります。

（前　受　収　益）　　50　　（為　替　差　損　益）　　50

$$300円 \times \frac{2か月}{12か月} = 50円$$

## 決済時の処理…(3)

　為替予約を付した場合は、為替予約時の先物為替相場（予約レート）によって決済が行われます。

　また、残っている前受収益（または前払費用）を為替差損益に振り替えます。

　したがって、CASE15の決済時の仕訳は次のようになります。

$$100 ドル \times 110円 = 11,000円$$

（借　入　　金）　11,000　　（現　　　　金）　11,000
（前　受　収　益）　　　250　　（為　替　差　損　益）　　250

$$300円 - 50円 = 250円$$

⇔ 問題編 ⇔
問題 13

# CASE 16

為替予約

## 取引発生後に為替予約を付した場合の処理

やっぱり為替予約をしておこ〜っと。

借入金 $100

借入日は ×2年12月1日

今度は、取引発生後に為替予約を付した場合の処理についてみてみましょう。
なお、取引発生後に為替予約を付したときは、資金取引も営業取引も同様の処理になります。

---

**取引** 次の一連の取引について仕訳しなさい（振当処理）。

(1) ×2年12月1日　ゴエモン㈱はベイダー㈱から現金100ドルを借り入れた（決済日は×3年11月30日）。このときの直物為替相場は1ドル112円である。

(2) ×3年2月1日　(1)の借入金に為替予約を行った。このときの直物為替相場は1ドル113円、先物為替相場（予約レート）は1ドル110円である。

(3) ×3年3月31日　決算日を迎えた。決算時の直物為替相場は1ドル115円、先物為替相場は1ドル112円である。

(4) ×3年11月30日　(1)の借入金100ドルを現金で返済した。決済時の直物為替相場は1ドル116円である。

---

● **取引発生後に為替予約を付した場合の処理**

　取引発生時（まで）に為替予約を付した場合は、営業取引と資金取引で処理が異なりましたが、取引発生後に為替予約を付した場合は、営業取引も資金取引も同様の処理になります。

> CASE14、15の場合ですね。

## 取引発生時の処理…(1)

　取引発生時には、取引発生時の直物為替相場で換算した金額で処理します。

### CASE16の仕訳　(1)取引発生時

（現　　　　金）　11,200　　（借　　入　　金）　11,200

> 100ドル×112円＝11,200円

## 為替予約時の処理…(2)

　外貨建債権債務について、取引発生後に為替予約を付したときは、外貨建債権債務を為替予約時の先物為替相場（予約レート）によって換算替えします。

　このとき、換算差額（為替差損益）が生じますが、この換算差額は、取引発生時と為替予約時の直物為替相場の変動部分（<ruby>直直差額<rt>じきじきさがく</rt></ruby>）と、為替予約時の直物為替相場と先物為替相場（予約レート）との差額部分（<ruby>直先差額<rt>じきさきさがく</rt></ruby>）に分解することができます。

　このうち、**直直差額**は当期分の損益として**為替差損益**で処理します。一方、**直先差額**には次期分の為替差損益も含まれるので、この時点では**前受収益**または**前払費用**で処理しておきます。

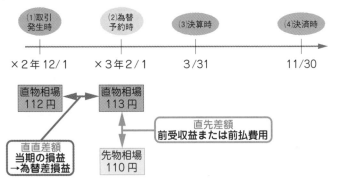

① **直直差額の処理**

（為 替 差 損 益）　　100　　（借　入　金）　　100

直直差額
100ドル×（113円－112円）＝100円（増加）

② **直先差額の処理**

（借　入　金）　　300　　（前 受 収 益）　　300

直先差額
100ドル×（110円－113円）＝△300円（減少）

上記の①と②を合わせた仕訳が、CASE16の為替予約時の仕訳になります。

**CASE16の仕訳　(2)為替予約時**

| （為 替 差 損 益） | 100 | （借　入　金） | 100 |
|---|---|---|---|
| （借　入　金） | 300 | （前 受 収 益） | 300 |

> 解答の際は、借入金を相殺した金額を記入しましょう（このテキストでは、理解しやすいように分けて解答しています）。

### ● 決算時の処理…(3)

決算時には、為替予約時に生じた直先差額を当期分と次期分に期間按分し、当期分の直先差額を前受収益（または前払費用）から為替差損益に振り替えます。

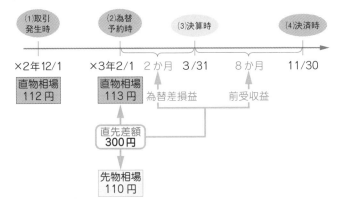

以上より、CASE16の決算時の仕訳は次のようになります。

CASE16の仕訳 (3)決算時

（前 受 収 益）　　60　（為 替 差 損 益）　　60

$$300円 \times \frac{2か月}{10か月} = 60円$$

ちょっと細かいですが、ここでも一年基準が適用されることをおさえておきましょう。

なお、決算日の翌日から1年を超えて決済日が到来する場合には、決算日の翌日から1年を超えて決済される前受収益（または前払費用）を**長期前受収益**（または**長期前払費用**）に振り替えます。

### ● 決済時の処理…(4)

為替予約を付した場合は、為替予約時の先物為替相場（予約レート）によって決済が行われます。

また、残っている前受収益（または前払費用）を為替差損益に振り替えます。

したがって、CASE16の決済時の仕訳は次のようになります。

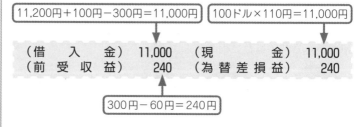

CASE16の仕訳 (4)決済時

11,200円+100円-300円=11,000円　100ドル×110円=11,000円

（借　　入　　金）　11,000　（現　　　　　金）　11,000
（前 受 収 益）　　　240　（為 替 差 損 益）　　　240

300円-60円=240円

⇔ 問題編 ⇔
問題14、15

## 独立処理による場合

独立処理は、外貨建取引（直物取引）と為替予約取引（先物取引）を別個の取引として処理する方法です。

CASE16と同じ取引を例にして、独立処理を採用した場合の処理についてみていきましょう。

> ヘッジ会計の処理を思い出して！外貨建取引がヘッジ対象、為替予約取引がヘッジ手段となります。

---

**例** 次の一連の取引について仕訳しなさい（独立処理）。

［資　料］
(1) ×2年12月1日　ゴエモン㈱はベイダー㈱から現金100ドルを借り入れた（決済日は×3年11月30日）。このときの直物為替相場は1ドル112円である。
(2) ×3年2月1日　(1)の借入金に為替予約を行った。このときの直物為替相場は1ドル113円、先物為替相場（予約レート）は1ドル110円である。
(3) ×3年3月31日　決算日を迎えた。決算時の直物為替相場は1ドル115円、先物為替相場は1ドル112円である。
(4) ×3年11月30日　(1)の借入金100ドルを現金で返済した。決済時の直物為替相場は1ドル116円、先物為替相場は1ドル116円である。

---

| (1)取引発生時 | (2)為替予約時 | (3)決算時 | (4)決済時 |
|---|---|---|---|
| ×2年 12/1 | ×3年 2/1 | 3/31 | 11/30 |
| 直物相場 112円 | 直物相場 113円 | 直物相場 115円 | 直物相場 116円 |
| | 先物相場 110円 | 先物相場 112円 | 先物相場 116円 |

> 為替相場のデータをまとめると、このようになります。

(1) **取引発生時の処理**

① **外貨建取引の処理**

資金を借り入れたときの処理をします。なお、外貨建取引（直物取引）は直物為替相場によって換算します。

| （現　　　　金）　11,200 | （借　入　金）　11,200 |
|---|---|

100ドル×112円＝11,200円

② 為替予約取引の処理

まだ為替予約を付していないので、なんの処理もしません。

| 仕　訳　な　し |
|---|

(2) 為替予約時の処理

① 外貨建取引の処理

外貨建債権債務の換算替えは決算において行うので、この時点ではなんの処理もしません。

| 仕　訳　な　し |
|---|

② 為替予約取引の処理

為替予約を付したときには、債権と債務の価値が等価（正味の債権・債務はゼロ）となるのでなんの処理もしません。

| 仕　訳　な　し |
|---|

(3) 決算時の処理

① 外貨建取引の処理

借入金100ドルを決算時の直物為替相場（115円）で換算します。

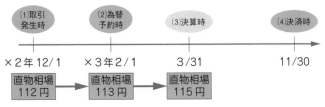

| (1)取引発生時 | (2)為替予約時 | (3)決算時 | (4)決済時 |
|---|---|---|---|
| ×2年12/1 | ×3年2/1 | 3/31 | 11/30 |
| 直物相場112円 | 直物相場113円 | 直物相場115円 | |

| （為替差損益）　　　300 | （借　入　金）　　　300 |
|---|---|

①B/S価額：100ドル×115円＝11,500円
②帳簿価額：11,200円
③換算差額：11,500円－11,200円＝300円（増加）

決算時に為替予約を付した場合は、11,200円（100ドル×112円）を支払わなければなりませんが、110円で為替予約を付したので、支払額は11,000円（100ドル×110円）ですみますよね。

② **為替予約取引の処理**

為替予約時の先物為替相場による換算額と、決算時の先物為替相場による換算額の差額を為替差損益として処理します。

この例では、決算時の先物為替相場は112円ですが、借入金（負債）に110円で、為替予約を付したことによって、2円（112円－110円）分の効果が生じています。したがって、為替差益が生じていることになります。

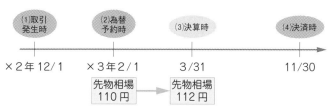

なお、相手科目は**為替予約**という勘定科目で処理します。

（為　替　予　約）　　200　　（為　替　差　損　益）　　200

100ドル×（112円－110円）＝200円

**(4) 決済時の処理**

① **外貨建取引の処理**

決済時には借入金がなくなるので、借入金の帳簿価額を減らします。

また、決済時の直物為替相場で換算した金額を支払ったと仮定して、現金支払額を計上します。

独立処理は直物と先物を分けて処理するので、このように考えて処理します。

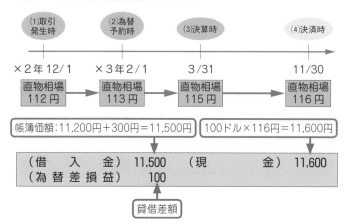

帳簿価額：11,200円＋300円＝11,500円　　100ドル×116円＝11,600円

（借　入　金）　11,500　　（現　　金）　11,600
（為　替　差　損　益）　　100

貸借差額

② 為替予約取引の処理

決算時の先物為替相場による換算額と、決済時の先物為替相場による換算額の差額を為替差損益として処理します。

> 考え方は決算時の場合と同様です。

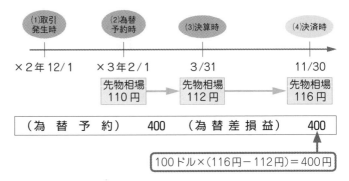

また、❶で計上した直物為替相場による支払額（現金11,600円）を取り消します。そして、実際の支払額（為替予約時の先物為替相場で換算した金額）を計上します。

> 実際の支払額は、予約時に約束した為替相場で換算した金額です。

決済時に為替予約取引が終了するので、計上した為替予約（資産または負債）を取り崩します。

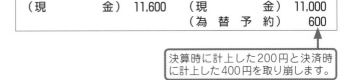

以上より、決済時の為替予約取引の仕訳は次のようになります。

| （為 替 予 約） | 400 | （為 替 差 損 益） | 400 |
|---|---|---|---|
| （現 金） | 11,600 | （現 金） | 11,000 |
| | | （為 替 予 約） | 600 |

上記の外貨建取引（直物取引）の仕訳（▨▨▨の仕訳）をみると、取引発生時から決済時までに為替差損が400円（300円＋100円）生じています。

　また、為替予約取引（先物取引）の仕訳（▢▢の仕訳）をみると、取引発生時から決済時までに為替差益が600円（200円＋400円）生じています。

　これは、為替予約を付さなければ400円の為替差損が生じたところ、為替予約を付したため200円（600円－400円）の為替差益が生じたことを表しています。

⇔ 問題編 ⇔
問題16

### 予定取引をヘッジ対象とする場合の処理

　**予定取引**とは、これから行われる取引（まだ行われていない取引）をいい、予定取引についても為替予約を付すことができます。

　具体例を使って、予定取引に為替予約を付した場合の処理をみてみましょう。

> 振当処理に限定して説明していきます。

---

**例**　次の一連の取引について、ヘッジ会計を適用した場合の仕訳を示しなさい（振当処理）。

　［資　料］

(1)　×3年2月1日　×3年5月1日に予定されている商品100ドルの輸入取引にともなって生じる買掛金に、為替予約を行った。このときの直物為替相場は1ドル113円、先物為替相場（予約レート）は1ドル110円である。

(2)　×3年3月31日　決算日を迎えた。決算時の直物為替相場は1ドル115円、先物為替相場は1ドル112円である。

(3)　×3年4月1日　期首につき、評価差額を振り戻す。

(4)　×3年5月1日　予定どおり商品100ドルを掛けで輸入した。このときの直物為替相場は1ドル115円、先物為替相場は1ドル114円である。

(5)　×3年5月31日　上記買掛金を現金で決済した。このときの直物為替相場は1ドル116円、先物為替相場は1ドル116円である。

為替相場のデータをまとめると、このようになります。

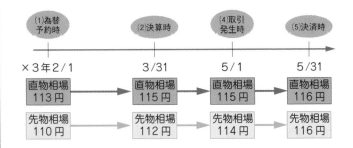

### (1) 為替予約時の処理

　為替予約を付したときには、債権と債務の価値が等価（正味の債権・債務はゼロ）となるので、なんの処理もしません。

仕　訳　な　し

### (2) 決算時の処理

　為替予約時の先物為替相場による換算額と、決算時の先物為替相場による換算額の差額を為替差損益として処理します。

　ただし、ヘッジ対象（買掛金）がまだ生じていないため、ヘッジ手段（為替予約）から生じた損益である為替差損益は、当期に計上することはできません。そこで、ヘッジ手段（為替予約）から生じた為替差損益は**繰延ヘッジ損益（純資産）**で処理します。

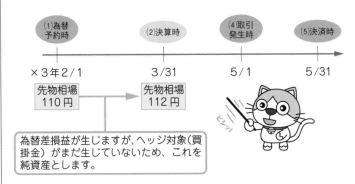

為替差損益が生じますが、ヘッジ対象（買掛金）がまだ生じていないため、これを純資産とします。

　なお、相手科目は**為替予約**で処理します。

買掛金に為替予約を付したのが決算時だった場合、112円で換算した金額を支払わなければなりませんが、2月1日に為替予約を付しているため、110円で換算された金額を支払えばいいわけです。
ですから、2円分の為替予約の効果（為替差益）が生じています。

| （為 替 予 約） | 200 | （繰延ヘッジ損益） | 200 |

100ドル×（112円－110円）＝200円

⑶ 翌期首の処理

翌期首には決算時に計上した評価差額（繰延ヘッジ損益）の再振替仕訳をします。

| （繰延ヘッジ損益） | 200 | （為 替 予 約） | 200 |

⑷ 取引発生時の処理

買掛金100ドルについてすでに為替予約が付されているので、輸入時には予約レート（為替予約時の先物為替相場）で換算した金額で計上します。

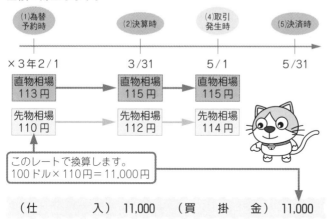

このレートで換算します。
100ドル×110円＝11,000円

| （仕 入） | 11,000 | （買 掛 金） | 11,000 |

⑸ 決済時の処理

買掛金100ドルについて為替予約が付されているので、決済時には予約レート（為替予約時の先物為替相場）で換算した金額を支払います。

| （買 掛 金） | 11,000 | （現 金） | 11,000 |

100ドル×110円＝11,000円

## 外貨建取引のまとめ　《一連の流れ》

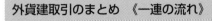

**CASE 5 前払金の支払時**

[取引] 商品の輸入につき、10ドルを前払いした
　　　 為替相場：1ドル100円

（前　　払　　金）1,000* 　（現　　　　　金）1,000

\* 　10ドル×100円＝1,000円

**CASE 6 輸入時**

[取引] 商品100ドルを輸入し、前払金との差額は翌月末に
　　　 支払うこととした 　為替相場：1ドル110円

（仕　　　　　　入）10,900 　（前　　払　　金）1,000
　　　　　　　　　　　　　　　　（買　　掛　　金）9,900*

\* 　90ドル×110円＝9,900円

**CASE 7 決済時**

[取引] 買掛金90ドルを現金で支払った
　　　 為替相場：1ドル105円

（買　　掛　　金）9,900 　（現　　　　　金）9,450*
　　　　　　　　　　　　　　　（為　替　差　損　益）　450

\* 　90ドル×105円＝9,450円

CASE 8

## 決算時における外貨建項目の換算（有価証券を除く）

| 分　類 | | 項　目 |
|---|---|---|
| 貨幣項目 決算時の為替相場で換算替えをする CR | 資産 | 外国通貨、外貨預金、受取手形、売掛金、未収入金、貸付金、未収収益　など |
| | 負債 | 支払手形、買掛金、未払金、社債、借入金、未払費用　など |
| 非貨幣項目 決算時の為替相場で換算替えをしない HR | 資産 | 棚卸資産、前払金、前払費用、固定資産など |
| | 負債 | 前受金、前受収益　など |

CASE 9〜13

## 決算時における外貨建有価証券の換算

| 分　　類 | 貸借対照表価額 | | 換算差額の処理 |
|---|---|---|---|
| 売買目的有価証券 | CC × CR | | 有価証券評価損益 |
| 満期保有目的債券 | 原　　則 | HC × CR | 為替差損益 |
| | 償却原価法 | 償却原価 × CR | |
| その他有価証券 | 時価あり | CC × CR | その他有価証券評価差額金 |
| | 市場価格のない株式等 | HC × CR | （または投資有価証券評価損） |
| 子会社株式・関連会社株式 | HC × HR | | ― |
| 強　制　評　価　減 | CC × CR | | 投資有価証券評価損 |
| 実　　価　　法 | 実質価額 × CR | | 子会社株式評価損　など |

## 為替予約のまとめ 《一連の流れ》　　　　　　　　　　★振当処理を前提

### ① 取引発生時（まで）に為替予約を付した場合（営業取引）

**CASE14**
**(1)取引発生時**
**（為替予約時）**

［取引］商品100ドルを輸入し、為替予約を付した
直物為替相場：1ドル113円　　先物為替相場：1ドル110円
（仕　　　　　入）11,000　　（買　　掛　　金）11,000*
＊ 100ドル×110円＝11,000円

**CASE14**
**(2)決算時**

仕　訳　な　し

**CASE14**
**(3)決算時**

●予約した為替相場で換算した金額で決済
（買　　掛　　金）11,000　　（現　　　　　金）11,000

### ② 取引発生時（まで）に為替予約を付した場合（資金取引）

**CASE15**
**(1)取引発生時**
**（為替予約時）**

［取引］現金100ドルを借り入れ、借入金に対して為替予約
を付した
直物為替相場：1ドル113円　　先物為替相場：1ドル110円
（現　　　　　金）11,300*1　　（借　　入　　金）11,000*2

> 貸借差額が借方に生じ
> たときは「前払費用」

→（前　受　収　益）　　300*3

＊1　100ドル×113円＝11,300円
＊2　100ドル×110円＝11,000円
＊3　貸借差額

**CASE15**
**(2)決算時**

●上記の前受収益（または前払費用）を期間按分し、当期
分を為替差損益に振り替える
（前　受　収　益）　　50　　（為　替　差　損　益）　　50

**CASE15**
**(3)決算時**

●予約した為替相場で換算した金額で決済する
●残っている前受収益（または前払費用）を為替差損益に
振り替える
（借　　入　　金）11,000　　（現　　　　　金）11,000
（前　受　収　益）　　250　　（為　替　差　損　益）　　250

③ 取引発生後に為替予約を付した場合（営業取引＆資金取引）

CASE16
(1)取引発生時

[取引] 現金100ドルを借り入れた
直物為替相場：1ドル112円

（現　　　　金）11,200　（借　入　金）11,200*
＊　100ドル×112円＝11,200円

CASE16
(2)為替予約時

●直直差額は為替差損益で処理し、直先差額は前受収益または前払費用で処理する
直物為替相場：1ドル113円　先物為替相場：1ドル110円

（為 替 差 損 益）　　100　（借　入　金）　100*1
（借　入　金）　300*2　（前 受 収 益）　300
＊1　直直差額：100ドル×（113円－112円）＝100円（増加）
＊2　直先差額：100ドル×（110円－113円）＝△300円（減少）

CASE16
(3)決算時

●上記の前受収益（または前払費用）を期間按分し、当期分を為替差損益に振り替える
（前 受 収 益）　　60　（為 替 差 損 益）　　60

CASE16
(4)決済時

●予約した為替相場で換算した金額で決済する
●残っている前受収益（または前払費用）を為替差損益に振り替える
（借　入　金）11,000　（現　　　　金）11,000
（前 受 収 益）　240　（為 替 差 損 益）　　240

# 第3章

## 税効果会計

損益計算書の税引前当期純利益までは
会計上の収益と費用で計算するけど、
損益計算書の末尾に記載する法人税等は
税法にもとづいて計算した金額を計上する…。
だから、税引前当期純利益と法人税等が
適切に対応しないこともあるんだって!
会計と税法って仲が悪いのかな?

ここでは、税効果会計についてみていきましょう。

# 税効果会計とは？

これは税法上の金額なんだ…。

損益計算書

・
・
・
法人税等 ××
・
・
・

ゴエモン㈱では、当期の財務諸表を作るとともに、納付すべき法人税等（法人税、住民税及び事業税）も計算しています。法人税等については、税法にしたがって計算しているのですが、会計上の利益をそのまま使って法人税等を計算するわけではないようです。

> **例** ゴエモン㈱の当期の収益は10,000円、当期の費用は6,000円である。当期の費用6,000円には減価償却費1,000円を含むが、このうち200円については、法人税法上、損金として認められない。なお、法人税等の実効税率は40％とする。

**用語** 損　　金…税法上の費用のこと ⇔ 益　　金…税法上の収益のこと
**実効税率**…法人税のほかに住民税、事業税を加味した実質的な税率（試験では問題文に指示があります）

## 税効果会計とは？

　会計上、法人税等（法人税、住民税及び事業税）は損益計算書の末尾において税引前当期純利益から控除しますが、この法人税等は税法上の利益（**課税所得**といいます）に税率を掛けて計算します。

法人税法のことをいいます。

$$法人税等＝課税所得×税率$$

3級から学習してきたように、会計上の利益は収益から費用を差し引いて計算しますが、課税所得は益金から損金を差し引いて計算します。

> 税引前当期純利益（会計上の利益）＝収益－費用

> 課税所得（税法上の利益）＝益金－損金

会計上の収益・費用と法人税法上の益金と損金の範囲はほとんど同じですが、なかには、会計上は費用であっても税法上は損金として認められないものなどもあります。

CASE17では、会計上の費用である減価償却費のうち200円については、法人税法上は損金として認められていません。

したがって、会計上の利益と税法上の利益（課税所得）に不一致が生じます。

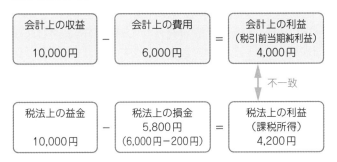

ここで、損益計算書の法人税等には、課税所得によって計算した法人税等の金額が計上されるので、損益計算書の税引前当期純利益と法人税等が対応しないことになってしまいます。

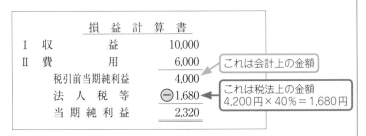

そこで、会計と税法の一時的な差異を調整し、税引前当期純利益と法人税等を対応させる処理をします。この処理を**税効果会計**といいます。

## ● 税効果会計の対象となる差異

会計と税法の違いから生じる差異には、**一時差異**と**永久差異**があります。

たとえば、法定耐用年数が5年の備品（取得原価4,000円、残存価額0円、定額法を採用）について、会計上は耐用年数4年で減価償却をしていたと仮定します。

会計上は備品の使用状態にあわせて適切と思われる耐用年数（4年）で減価償却することができますが、税法上は、法定耐用年数で計算した減価償却費を超える金額は損金として計上することができません。

したがって、会計上の減価償却費は1,000円（4,000円÷4年）ですが、税法上、減価償却費として計上できるのは800円（4,000円÷5年）となり、課税所得の計算上、200円は損金として認められないことになります。

しかし、耐用年数が4年であれ5年であれ、耐用年数まで備品を使用した場合の全体期間を通した減価償却費は、会計上も税法上も同額になります。

つまり、この減価償却費の差異は、いったん生じても、いつかは解消されるのです。

会計では企業の実態を適切に開示することが求められますが、税法上は課税の公平を目的とするので、同じ条件なら損金の額が同じになるようにしなければならないのです。

ちなみに、会計上の減価償却費のほうが少なかった場合（たとえば700円であった場合）には、税法上の減価償却費が800円であろうと課税所得は700円で計算されるので、差異は生じません。

　このような一時的に生じる差異を**一時差異**といい、一時差異には税効果会計を適用します。

　いったん生じても、いつかは解消される一時差異に対し、永久に解消されない差異を**永久差異**といいますが、永久差異は税効果会計の対象となりません。

　主な一時差異と永久差異には次のようなものがあります。

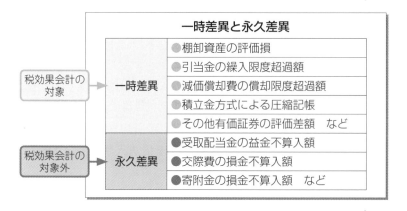

## 損金（益金）不算入と損金（益金）算入

　会計上は費用として計上したが、税法上は損金にならないことを**損金不算入**といいます。反対に、会計上は費用として計上していないが、税法上は損金になることを**損金算入**といいます。また、会計上は収益として計上したが、税法上は益金にならないことを**益金不算入**といいます。反対に、会計上は収益として計上していないが、税法上は益金になることを**益金算入**といいます。

## 損金（益金）不算入と損金（益金）算入

| 損金不算入 | ●会計上：費用として計上 |
| | ●税法上：損金とならない |
| 損 金 算 入 | ●会計上：費用として計上していない |
| | ●税法上：損金となる |
| 益金不算入 | ●会計上：収益として計上 |
| | ●税法上：益金とならない |
| 益 金 算 入 | ●会計上：収益として計上していない |
| | ●税法上：益金となる |

## ● 法人税等の調整

CASE17では、会計上の費用と税法上の損金に差異が生じていますが、これは一時差異（減価償却費の償却限度超過額）なので、税効果会計の対象となります。

ここで、法人税等の調整についてみてみましょう。

まず、CASE17の課税所得は4,200円（10,000円 − 5,800円）なので、税法上の法人税等（当期の納付税額）は1,680円（4,200円×40%）となります。

> 200円は当期の損金として認められないので、当期の損金は5,800円（6,000円 − 200円）となります。

（法　人　税　等）　1,680　（未払法人税等）　1,680

> この金額がP/L「法人税等」に記載されます。

しかし、会計上の利益は4,000円（10,000円 − 6,000円）なので、会計上の法人税等（会計上あるべき法人税等）は1,600円（4,000円×40%）です。

そこで、損益計算書に記載した「法人税等1,680円」をあるべき法人税等（1,600円）に調整するため、法人税等の金額を減算します。

なお、法人税等の調整は**法人税等調整額**という勘定科目で処理します。

| （ 　　　　　 ） | 　 | （法人税等調整額） | 80 |

1,680円 － 1,600円 ＝ 80円

繰延税金資産は法
人税等の前払い
を、繰延税金負債
は法人税等の未払
いを表します。

そして相手科目は、**繰延税金資産**（借方が空欄の場合）また
は**繰延税金負債**（貸方が空欄の場合）で処理します。

以上より、CASE17の税効果会計に関する仕訳は次のように
なります。

### CASE17の仕訳

| （繰 延 税 金 資 産） | 80 | （法人税等調整額） | 80 |

借方が空欄なので、
「繰延税金資産」

なお、法人税等の未払いが生じている場合（法人税等調整額
が借方に記入される場合）の仕訳は次のようになります。

| （法 人 税 等 調 整 額） | ×× | （繰 延 税 金 負 債） | ×× |

## ● 法人税等調整額の表示

法人税等調整額が借方に生じた場合（借方残高の場合）に
は、損益計算書の法人税、住民税及び事業税に加算します。
反対に、法人税等調整額が貸方に生じた場合（貸方残高の場
合）には、法人税、住民税及び事業税から減算します。
CASE17では法人税等調整額が貸方に生じているので、損益
計算書の表示は次のようになります。

法人税、住民税及
び事業税と法人税
等調整額は、費用
のようなものだと
思いましょう。で
すから、借方に生
じたら加算、貸方
に生じたら減算し
ます。

第3章　税効果会計　81

```
            損  益  計  算  書
 Ⅰ  収          益                      10,000
 Ⅱ  費          用                       6,000
      税引前当期純利益                    4,000
   法人税,住民税及び事業税        1,680
   法人税等調整額             △80    ⊖ 1,600
      当 期 純 利 益                      2,400
```

税効果会計によって、法人税等が会計上あるべき金額1,600円（4,000円×40％）となります。

### 税効果会計の適用方法

　税効果会計の適用方法には、**資産負債法**と**繰延法**がありますが、「税効果会計に係る会計基準」では**資産負債法**を採用しています。

**(1)　資産負債法**

　資産負債法は、会計と税法の差異を貸借対照表に視点をおいて認識しようとする方法で、差異を会計上の資産・負債と税法上の資産・負債との差額としてとらえます。

　この方法による場合、税効果会計で適用する法人税等の税率は、**差異が解消するときの税率（将来の税率）**となります。

**(2)　繰延法**

　繰延法は、会計と税法の差異を損益計算書に視点をおいて認識しようとする方法で、差異を会計上の収益・費用と税法上の益金・損金との差額としてとらえます。

　この方法による場合、税効果会計で適用する法人税等の税率は、**差異が発生したときの税率（過去の税率）**となります。

> 「税効果会計に係る会計基準」ではこちらを採用しています。しかし、処理を考えるときは、費用・収益、損金・益金の差額で考えたほうがラクです。

# 棚卸資産の評価損①

なぬっ？

一定の要件を満たさない
商品評価損は
税法上、損金不算入。

ネコでも分かる
法人税

ゴエモン㈱では、当期の決算において商品評価損を計上しましたが、この商品評価損は税法上、損金として認められません。税効果会計を適用した場合、どんな処理をするのでしょう？

例　ゴエモン㈱では、当期の決算において取得原価500円の商品について評価損50円を計上したが、その全額が税法上、損金不算入となった。なお、法人税等の実効税率は40%とする。

## 商品評価損の損金不算入と税効果会計

　棚卸資産の評価損（商品評価損）は、税法上、損金に算入することが認められない場合があります。

　商品評価損が損金不算入となる場合、会計上の費用よりも税法上の損金のほうが少なくなるため、当期の納付税額（税法上の金額）があるべき法人税等（会計上の金額）より多く計算されます。

　そこで、損益計算書に記載された法人税等を減算調整します。

　ここで、「会計上の費用よりも税法上の損金のほうが少ない → 税法上の法人税等が多く計上される → 法人税等を減算調整する」と考えていくと、頭の中が混乱するので、以下のように機械的に処理するようにしましょう。

> 会計上の費用が50円、税法上の損金が0円となり、その差額分だけ課税所得（税法上の利益）が多くなるので、法人税等が多く計上されます。

## 差異が生じたときの税効果会計の仕訳

　税効果会計を適用した場合の仕訳をするときには、まず会計上の仕訳を考えます。

　CASE18では、会計上、商品評価損50円を計上しているので、会計上の仕訳は次のようになります。

◆商品評価損を計上したときの仕訳

| （商品評価損） | 50 | （繰越商品） | 50 |
|---|---|---|---|

　そして、会計上の仕訳のうち費用または収益の科目に注目し、費用または収益が計上されている逆側に**法人税等調整額**を記入します。

◆商品評価損を計上したときの仕訳

| （商品評価損） | 50 | （繰越商品） | 50 |
|---|---|---|---|

　　損益項目

| （　　　　） | | （法人税等調整額） | |
|---|---|---|---|

　なお金額は、会計上の金額のうち損金不算入額に実効税率を掛けた金額となります。

| （　　　　） | | （法人税等調整額） | 20 |
|---|---|---|---|

50円×40％＝20円

　最後に法人税等調整額の逆側（空いている側）に、**繰延税金資産**（借方が空欄の場合）または**繰延税金負債**（貸方が空欄の場合）を記入します。

　以上より、CASE18の税効果会計に関する仕訳は次のようになります。

| （繰延税金資産） | 20 | （法人税等調整額） | 20 |
|---|---|---|---|

## ● 差異が解消したときの税効果会計の仕訳

CASE18では、会計上の商品評価損（費用）は50円、商品の金額は450円（500円 − 50円）ですが、税法上の商品評価損（損金）は0円、商品の金額は500円です。

この商品を次期に販売した場合、会計上の売上原価（費用）は450円ですが、税法上の売上原価（損金）は500円となります。

したがって、全体の期間を合わせると、会計上の費用（500円）と税法上の損金（500円）が一致します。つまり、商品評価損の損金不算入によって生じた差異は、商品を販売したとき（または処分したとき）に解消するのです。

そして、一時差異が解消したときには、一時差異が発生したときと逆の仕訳をして繰延税金資産を取り消します。

| （法人税等調整額） | 20 | （繰延税金資産） | 20 |
|---|---|---|---|

## ● 将来減算一時差異と将来加算一時差異

CASE18では、商品評価損（費用）が損金不算入となったので、当期の課税所得（税法上の利益）が多く計上されました。しかし、次期に販売したとき（差異が解消したとき）は、税法上の売上原価（損金）が多く計上されるので、課税所得（税法上の利益）は少なくなります。

このように、将来（差異が解消されるとき）の課税所得を減

> 差異の発生時に法人税等の前払いが生じている状態です。このときは、繰延税金資産が計上されます。

らす効果のある一時差異を**将来減算一時差異**といいます。

　反対に、将来（差異が解消されるとき）の課税所得を増やす効果のある一時差異を**将来加算一時差異**といいます。

差異の発生時に法人税等の未払いが生じている状態です。このときは、繰延税金負債が計上されます。

---

### 将来減算一時差異と将来加算一時差異

●将来減算一時差異 ⇒ 法人税等の前払い
　　一時差異が解消するときにその期の課税所得（法人税等）が減算される効果をもつ一時差異

●将来加算一時差異 ⇒ 法人税等の未払い
　　一時差異が解消するときにその期の課税所得（法人税等）が加算される効果をもつ一時差異

---

# 棚卸資産の評価損②

う〜む…。

販売済み

前期末の商品

**商品評価損 50円**

当期末の商品

**商品評価損 60円**

ゴエモン㈱では、前期の決算において商品評価損を計上した商品（この商品評価損は税法上、全額損金不算入）を当期に販売しました。そして、当期末に商品評価損（税法上、全額損金不算入）を計上したのですが、この場合、税効果会計の処理はどのようになるのでしょう？

例 ゴエモン㈱では、前期（第1期）の決算において商品評価損50円を計上したが、その全額が損金不算入となった（繰延税金資産20円）。この商品は当期（第2期）においてすべて販売している。また、当期末において商品評価損60円を計上したが、その全額が損金不算入となった。なお、法人税等の実効税率は40％とする。

## 差異の解消と発生

　法人税等は期末において計上するため、法人税等の調整も期末に行います。したがって、前期に発生した差異の解消と当期に発生した差異にかかる法人税等の調整は期末に一括して行います。

　CASE19では、当期末において商品評価損60円を計上していますが、税法上、全額損金不算入なので、商品評価損60円にかかる税効果会計の仕訳は次のようになります。

◆商品評価損を計上したとき（第2期末）の仕訳

| （商 品 評 価 損） | 60 | （繰 越 商 品） | 60 |

損益項目

| （繰 延 税 金 資 産） | 24 | （法 人 税 等 調 整 額） | 24 |

60円×40％＝24円

> 貸倒引当金の処理
> （差額補充法）に
> 似ていますね。

そして、前期に発生した差異（繰延税金資産20円）は、当期に商品を販売したことにより解消したので、上記の繰延税金資産から前期に計上した20円を差し引いた金額が、当期に新たに計上する繰延税金資産となります。

> 第2期の貸借対照
> 表に計上される繰
> 延税金資産は、
> 24円（20円＋4
> 円）となります。

以上より、CASE19の仕訳は次のようになります。

### CASE19の仕訳

| （繰 延 税 金 資 産） | 4 | （法 人 税 等 調 整 額） | 4 |

24円－20円＝4円

次の①と②の仕訳を合わせた仕訳です。
①第1期に発生した差異の解消（商品の販売による差異の解消）

| （法 人 税 等 調 整 額） | 20 | （繰 延 税 金 資 産） | 20 |

②第2期に発生した差異

| （繰 延 税 金 資 産） | 24 | （法 人 税 等 調 整 額） | 24 |

③第2期の仕訳（①＋②）

| （繰 延 税 金 資 産） | 4 | （法 人 税 等 調 整 額） | 4 |

⇔ 問題編 ⇔
問題17

# CASE 20 税効果会計

## 貸倒引当金の繰入限度超過額

税法上は、貸倒引当金の繰入額は、限度があるんだ…。

ゴエモン㈱では、第1期の決算において200円の貸倒引当金を繰り入れましたが、このうち50円については税法上、損金として認められません。税効果会計を適用した場合、どんな処理をするのでしょう？

---

**例** 次の一連の取引について、税効果会計に関する仕訳をしなさい。なお、法人税等の実効税率は40%とする。

(1) 第1期期末において貸倒引当金200円を繰り入れたが、そのうち50円については損金不算入となった。

(2) 第2期期末において貸倒引当金280円を設定したが、そのうち80円については損金不算入となった。なお、期中に売掛金（第1期に発生）が貸し倒れ、第1期に設定した貸倒引当金を全額取り崩している。

---

### ● 貸倒引当金繰入の損金不算入と税効果会計の仕訳

　貸倒引当金の繰入額のうち、税法上の繰入額（限度額）を超える金額については、損金に算入することができません。

　CASE20(1)では、第1期の貸倒引当金繰入額は200円ですが、このうち50円については損金不算入です。

　したがって、50円分について法人税等の調整を行います。

◆貸倒引当金を設定したときの仕訳

| （貸倒引当金繰入） | 200 | （貸 倒 引 当 金） | 200 |

損益項目

CASE20 ⑴の仕訳

50円×40％＝20円

| （繰 延 税 金 資 産） | 20 | （法人税等調整額） | 20 |

## 差異が解消したとき（第2期）の税効果会計の仕訳

　貸倒引当金を設定した翌期以降にその貸倒引当金を取り崩した場合には、差異が解消します。したがって、この場合は差異が発生したときと逆の仕訳をします。

　なお、CASE19でみたように、法人税等の調整は期末に行うため、第1期に発生した差異の解消と第2期に発生した差異の処理は一括して行います。

　以上より、CASE20⑵の税効果会計に関する仕訳は次のようになります。

第2期の貸借対照表に計上される繰延税金資産は32円（20円＋12円）となります。

CASE20 ⑵の仕訳

| （繰 延 税 金 資 産） | 12 | （法人税等調整額） | 12 |

①80円×40％＝32円
②32円－20円＝12円

次の①と②の仕訳を合わせた仕訳です。
①第1期に発生した差異の解消（貸倒れの発生）

| （法人税等調整額） | 20 | （繰 延 税 金 資 産） | 20 |

②第2期に発生した差異

| （繰 延 税 金 資 産） | 32 | （法人税等調整額） | 32 |

③第2期の仕訳（①＋②）

| （繰 延 税 金 資 産） | 12 | （法人税等調整額） | 12 |

⊜ 問題編 ⊜
問題18

# CASE 21 税効果会計

## 減価償却費の償却限度超過額

ゴエモン㈱では、備品の使用状況等を考慮して、法定耐用年数5年のところ、4年で減価償却を行っています。

この場合、税効果会計の仕訳はどのようになるのでしょう？

耐用年数4年

ふむ…。

法定耐用年数は5年。

ネコでも分かる法人税

**例** 次の一連の取引について、税効果会計に関する仕訳をしなさい。なお、備品の法定耐用年数は5年、法人税等の実効税率は40%とする。

(1) 第1期期末において、備品4,000円について定額法（耐用年数4年、残存価額は0円）により減価償却を行った。

(2) 第2期期末において、備品4,000円について定額法（耐用年数4年、残存価額は0円）により減価償却を行った。

### 減価償却費の損金不算入と税効果会計の仕訳

減価償却費のうち、税法上の減価償却費（限度額）を超える金額については、損金に算入することができません。

CASE21(1)では、会計上の減価償却費は1,000円（4,000円÷4年）ですが、税法上の減価償却費（限度額）は800円（4,000円÷5年）です。

したがって、限度額を超過する200円分（1,000円－800円）について法人税等の調整を行います。

◆減価償却費を計上したときの仕訳

| （減価償却費） | 1,000 | （減価償却累計額） | 1,000 |

損益項目

(1,000円－800円)×40%
＝80円

### CASE21 (1)の仕訳

| （繰延税金資産） | 80 | （法人税等調整額） | 80 |

## 差異が解消したときの税効果会計の仕訳

　備品を売却したり、除却した場合には、差異が解消します。したがって、この場合は差異が発生したときと逆の仕訳をします。

　また、法人税等の調整は期末に行うため、第1期に発生した差異の解消と第2期に発生した差異の処理は一括して行います。

　なお、CASE21(2)では備品の売却等をしていませんので、差異は解消されていません。

　したがって、CASE21(2)の税効果会計に関する仕訳は次のようになります。

第2期の貸借対照表に計上される繰延税金資産は160円（80円＋80円）となります。

### CASE21 (2)の仕訳

| （繰延税金資産） | 80 | （法人税等調整額） | 80 |

①(1,000円－800円)×40%＝80円
②80円－0円＝80円

次の①と②の仕訳を合わせた仕訳です。
①第1期に発生した差異の解消…差異は解消していない

| 仕 訳 な し |

②第2期に発生した差異

| （繰延税金資産） | 80 | （法人税等調整額） | 80 |

③第2期の仕訳（①＋②）

| （繰延税金資産） | 80 | （法人税等調整額） | 80 |

⊖ 問題編 ⊖

問題19

# その他有価証券の評価差額

「その他有価証券評価差額金」は、どのように調整するんだろう？

う〜む。

ゴエモン㈱では、その他有価証券について全部純資産直入法によって処理しています。税法ではその他有価証券の評価差額の計上は認められません。しかし、「その他有価証券評価差額金」は純資産の項目です。このような場合はどのような処理をするのでしょう？

例 ゴエモン㈱では、当期の決算においてその他有価証券（取得原価1,000円）を時価800円に評価替えした。
全部純資産直入法によって処理している場合の仕訳をしなさい。
なお、法人税等の実効税率は40%とする。

## 全部純資産直入法と税効果会計

CASE22のその他有価証券は、時価が取得原価よりも低いので、評価差損が計上されます。ただし、全部純資産直入法によって処理しているため、会計上の仕訳は借方にその他有価証券評価差額金200円（1,000円 − 800円）が計上されます。

| （その他有価証券評価差額金） | 200 | （その他有価証券） | 200 | ← 評価差額の計上 |

800円 − 1,000円 = △200円

このように会計上はその他有価証券について評価替えをしますが、税法上はその他有価証券の評価替えは認められません。
そこで、税効果会計を適用し、法人税等を調整する必要があ

ヘッジ会計を適用
したときに生じる
繰延ヘッジ損益
（純資産）につい
ても税効果会計を
適用します。その
場合、その他有価
証券の評価差額と
同様に考えて「繰
延ヘッジ損益」で
処理します。

りますが、上記の仕訳をみてもわかるように、その他有価証券を全部純資産直入法によって処理した場合には、費用や収益の科目は出てきません。

このような場合は、「法人税等調整額」で法人税等を調整することができませんので、かわりに「**その他有価証券評価差額金**」で調整します。

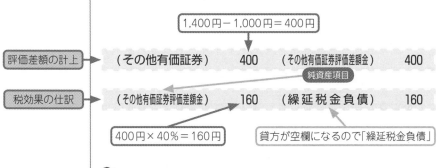

### CASE22の仕訳（全部純資産直入法）

| （その他有価証券評価差額金） | 200 | （その他有価証券） | 200 |
| --- | --- | --- | --- |
純資産項目

| （繰延税金資産） | 80 | （その他有価証券評価差額金） | 80 |
| --- | --- | --- | --- |

借方が空欄になるので「繰延税金資産」　　　　200円×40％＝80円

なお、仮にCASE22のその他有価証券の時価が1,400円であったとした場合（評価差益が生じている場合）の仕訳は次のようになります。

1,400円－1,000円＝400円

評価差額の計上
| （その他有価証券） | 400 | （その他有価証券評価差額金） | 400 |
| --- | --- | --- | --- |
純資産項目

税効果の仕訳
| （その他有価証券評価差額金） | 160 | （繰延税金負債） | 160 |
| --- | --- | --- | --- |

400円×40％＝160円　　　　貸方が空欄になるので「繰延税金負債」

### ● 部分純資産直入法と税効果会計

部分純資産直入法の場合、評価差益が生じたときには「その他有価証券評価差額金」で処理しますが、評価差損が生じたときには、「**投資有価証券評価損**」で処理します。

したがって、**評価差益**が生じたときは全部純資産直入法と同様に「**その他有価証券評価差額金**」で調整しますが、**評価差損**が生じたときは「**法人税等調整額**」で調整します。

仮に、CASE22を部分純資産直入法によって処理した場合の仕訳は次のようになります。

なお、評価差益が生じている場合の処理は全部純資産直入法の場合と同じです。

## CASE22の仕訳（部分純資産直入法）

| （投資有価証券評価損） | 200 | （その他有価証券） | 200 |
|---|---|---|---|

損益項目

◄ 評価差額の計上

| （繰延税金資産） | 80 | （法人税等調整額） | 80 |
|---|---|---|---|

◄ 税効果の仕訳

200円×40％＝80円

## 翌期首の仕訳

その他有価証券は洗替法によって処理するので、翌期首に評価差額を振り戻します。

⇔ 問題編 ⇔
問題20、21

このとき、税効果会計に関する処理を「その他有価証券評価差額金」で行った場合には、税効果会計に関する処理も振り戻します。しかし、税効果会計に関する処理を「法人税等調整額」で行った場合（部分純資産直入法によって処理している場合で評価差損が生じた場合）は、翌期首に法人税等調整額を振り戻す処理をしないことに注意しましょう。

すでに学習したように、法人税等の調整は期末に行うからです。

したがって、CASE22の翌期首の仕訳は次のようになります。

## CASE22の翌期首の仕訳（全部純資産直入法）

| （その他有価証券） | 200 | （その他有価証券評価差額金） | 200 |
|---|---|---|---|

| （その他有価証券評価差額金） | 80 | （繰延税金資産） | 80 |
|---|---|---|---|

「その他有価証券評価差額金」で調整した場合には、税効果会計の仕訳も振り戻します。

## CASE22の翌期首の仕訳（部分純資産直入法）

| （その他有価証券） | 200 | （投資有価証券評価損） | 200 |
|---|---|---|---|

「法人税等調整額」で調整した場合には、税効果会計の仕訳は振り戻しません。

## 積立金方式による圧縮記帳

圧縮記帳の処理は
テキストⅡで学習
しました。忘れて
しまった方はテキ
ストⅡで確認して
くださいね。

圧縮損を計上しな
いかわりに圧縮積
立金を積み立てま
す。

　国庫補助金や工事負担金を受け取って固定資産を取得した場合、圧縮記帳を行うことがあります。

　圧縮記帳の処理方法には、**直接減額方式**（固定資産の取得原価を直接減額する方法）と**積立金方式**（固定資産の取得原価を直接減額しないで、「圧縮積立金」を計上する方法）があります。

　このうち積立金方式では、会計上は圧縮損を計上しませんが、税法上は圧縮損を計上することができます。

　したがって、積立金方式によった場合は、会計上の資産の額（費用の額）と税法上の資産の額（損金の額）に差異が発生し、税効果会計の適用対象となります。

　次の具体例を使って、積立金方式による圧縮記帳の処理をみてみましょう。

---

**例**　次の一連の取引の仕訳をしなさい（法人税等の実効税率は40%）。

(1)　×1年4月1日（第1期期首）　国庫補助金8,000円を現金で受け入れた。

(2)　×2年3月31日（第1期期末）　(1)の国庫補助金に自己資金を加えて建物16,000円を購入し、現金で支払った。なお、国庫補助金相当額については、積立金方式による圧縮記帳を行うことにした。

(3)　×2年3月31日（第1期期末）　法人税法上、国庫補助金相当額が損金に算入されたため、税効果会計に関する処理をする。また、圧縮積立金（税効果相当額控除後）を積み立てた。

(4)　×3年3月31日（第2期期末）　上記の建物について定額法（法定耐用年数20年、残存価額は0円）により減価償却を行う。また、圧縮積立金について減価償却費相当額を取り崩す。

---

(1)　国庫補助金の受入時の処理

　国庫補助金を受け取ったときは、**国庫補助金収入（特別利益）** で処理します。

| （現　　　　金）　8,000 | （国庫補助金収入）　8,000 |
|---|---|
| | 特別利益 |

⑵ 固定資産の購入時の処理

　積立金方式の場合は、固定資産の取得原価を直接減額しません。したがって、固定資産を購入したときの会計上の仕訳は次のとおりです。

　（建　　　　物）　16,000　（現　　　　金）　16,000

⑶ 決算時の処理（第１期）
　① 税効果会計に関する仕訳

　　税法上では、国庫補助金相当額が損金に算入されるため、税法上の仕訳を示すと次のようになります。

　（建　　　　物）　16,000　（現　　　　金）　16,000
　（固定資産圧縮損）　8,000　（建　　　　物）　8,000
　　特別損失

実際にはこの仕訳は行われません。

　　ここで、第１期の会計上の利益を計算すると8,000円（国庫補助金収入）となります。一方、税法上の利益は０円（国庫補助金収入－固定資産圧縮損）となります。したがって、差額8,000円（8,000円－０円）について税効果会計を適用します。

◆国庫補助金を受け取ったときの仕訳

　（現　　　　金）　8,000　（国庫補助金収入）　8,000
　　　　　　　　　　　　　　　損益項目

　（法人税等調整額）　3,200　（繰延税金負債）　3,200

　　8,000円×40％＝3,200円

② 圧縮積立金の積立て
　　国庫補助金を積立金方式で処理する場合、決算時に繰越利益剰余金を減額して圧縮積立金を積み立てます。なお、税効果会計を適用した場合は、**税効果相当額を控除したあとの金額**を積み立てます。

　（繰越利益剰余金）　4,800　（圧 縮 積 立 金）　4,800

　　8,000円×（100％－40％）＝4,800円

(4) 決算時の処理（第2期以降）

① 減価償却費の計上と税効果会計に関する仕訳

第1期期末に建物を購入しているので、第2期より減価償却を行います。会計上、建物の取得原価は16,000円なので、会計上の減価償却費は800円（16,000円÷20年）となります。

（減 価 償 却 費）　　800　　（減価償却累計額）　　800

16,000円÷20年＝800円

しかし、税法上は圧縮記帳が行われているので、圧縮記帳後の金額（8,000円）を取得原価として減価償却を行います。したがって、税法上の減価償却費は400円（8,000円÷20年）となります。

この会計上の減価償却費と税法上の減価償却費の差額400円（800円－400円）は、第1期に生じた一時差異の解消分なので、第1期に計上した繰延税金負債を減額する処理をします。

以上より、税効果会計に関する仕訳は次のようになります。

（繰 延 税 金 負 債）　　160　　（法人税等調整額）　　160

（800円－400円）×40％＝160円

② 圧縮積立金の取崩し

第1期期末に積み立てた圧縮積立金のうち、会計上の減価償却費と税法上の減価償却費の差額400円（800円－400円）から税効果相当額（160円）を控除した金額を取り崩します。

（圧 縮 積 立 金）　　240　　（繰越利益剰余金）　　240

（800円－400円）×（100％－40％）＝240円
または
（800円－400円）－160円＝240円

> 第1期は固定資産圧縮損の分だけ税法上の損金が多くなりましたが、第2期はその分、税法上の減価償却費が少なくなるので、差異が解消されているのです。

⇔ 問題編 ⇔
問題22

# 繰延税金資産と繰延税金負債の表示

繰延税金資産
↕
繰延税金負債

相殺するの？
しないの？

ゴエモン㈱では、税効果会計を適用した結果、繰延税金資産と繰延税金負債が生じました。
売掛金と買掛金を相殺できないように、繰延税金資産と繰延税金負債は相殺してはいけないのでしょうか？

---

**例** ゴエモン㈱では、税効果会計を適用した結果、繰延税金資産と繰延税金負債が生じた。この場合の貸借対照表の表示はどのようになるか答えなさい。なお、繰延税金資産と繰延税金負債は次の項目から生じたものである。

(1) 繰延税金資産
　　①商品評価損の損金不算入　300円
　　②減価償却費の償却限度超過額　500円
(2) 繰延税金負債
　　・その他有価証券の評価差額　600円

---

## ● 繰延税金資産と繰延税金負債の表示

　税効果会計を適用した結果生じた繰延税金資産は資産の部の「投資その他の資産」に、繰延税金負債は負債の部の「固定負債」に表示します。

```
                    貸 借 対 照 表
        資産の部                    負債の部
 Ⅰ  流 動 資 産          Ⅰ  流 動 負 債
          ⋮                          ⋮
 Ⅱ  固 定 資 産          Ⅱ  固 定 負 債
          ⋮                    繰延税金負債　　××
   3. 投資その他の資産
       繰延税金資産　　××
```

　なお、投資その他の資産に表示される繰延税金資産と固定負債に表示される繰延税金負債は**相殺**して表示します。

　以上より、CASE23の貸借対照表の表示は次のようになります。

### CASE23の貸借対照表

```
                    貸 借 対 照 表
        資産の部                    負債の部
 Ⅰ  流 動 資 産          Ⅰ  流 動 負 債
          ⋮                          ⋮
 Ⅱ  固 定 資 産          Ⅱ  固 定 負 債
          ⋮                          ⋮
   3. 投資その他の資産
       繰延税金資産　　200
```

300円＋500円－600円

⇔ 問題編 ⇔
問題23

## 繰延税金資産の回収可能性

**繰延税金資産（資産）** は、回収可能性（資産性）があるもののみ計上することができるため、その回収可能性を検討する必要があります。なお、繰延税金資産の回収可能性とは、繰延税金資産が将来の税金支払額を減額する効果があるかどうかをいいます。

(1)　回収可能性が見込まれない繰延税金資産の処理

回収可能性が見込まれない繰延税金資産については、将来減算一時差異が生じていても、**繰延税金資産（資産）** を計上することはできません。

> **例1** 当期に発生した将来減算一時差異（減価償却費の償却限度超過額）1,000円の回収可能性を検討した結果、400円について将来の課税所得での回収が困難であると判断した（実効税率は40%）。

（繰延税金資産）　　　240　　　（法人税等調整額）　　　240

（1,000円－400円）× 40％＝240円

(2)　回収可能性の判断要件

下記の3要件のいずれかを満たせば、「繰延税金資産の回収可能性がある」と判断されます。

> ### 回収可能性の判断要件
> ①**収益力にもとづく課税所得の十分性**
> 　→将来、課税所得（儲け）が発生する可能性が高いか？
> ②**タックスプランニングの存在**
> 　→（含み益が生じている）固定資産や有価証券を売却する（そして利益を出す）など、具体的なタックスプランニングが存在するか？
> ③**将来加算一時差異の十分性**
> 　→将来減算一時差異が解消する年度に、将来加算一時差異の解消が見込まれるか？

(3) 回収可能性の見直し

　繰延税金資産については、毎期、回収可能性を見直さなければなりません。

　ⓐ　繰延税金資産の修正差額の処理①

　　回収可能性の見直しによって生じた繰延税金資産の修正差額は、見直しを行った年度の**法人税等調整額**に加減します。

> 例2　例1（前期）において、将来の課税所得での回収が困難であると判断した将来減算一時差異400円について、回収可能性を見直した結果、全額が回収可能であると判断した。

（繰延税金資産）　　160　（法人税等調整額）　　160

| 全額が回収可能と判断されたので、繰延税金資産の追加計上を行います。 | 400円×40%＝160円 | 見直しを行った年度の法人税等調整額に加減します。 |

> 例3　繰延税金資産の回収可能性を見直したところ、前期に計上した100円について回収が困難であると判断した。

（法人税等調整額）　　100　（繰延税金資産）　　100

| 見直しを行った年度の法人税等調整額に加減します。 | 回収可能性が認められない繰延税金資産は取り崩します。 |

　ⓑ　繰延税金資産の修正差額の処理②

　　資産・負債の評価替えによって生じた評価差額が直接、純資産の部に計上される場合（「その他有価証券評価差額金」が生じる場合など）には、繰延税金資産の修正差額はその評価差額（「その他有価証券評価差額金」）で処理します。

> 例4　×2年3月31日において、その他有価証券（帳簿価額5,000円）を時価4,000円に評価替えした（全部純資産直入法。実効税率は40%）。なお、繰延税金資産の回収可能性は何の問題もない。

これはふつうの評価替えの仕訳＆税効果会計適用時の仕訳です。

$$4,000円 - 5,000円 = △1,000円$$

（その他有価証券評価差額金） 1,000　（その他有価証券） 1,000 ← 評価差額の計上

（繰延税金資産） 400　（その他有価証券評価差額金） 400 ← 税効果会計

$$1,000円 × 40\% = 400円$$

これもふつうの再振替仕訳です。再振替仕訳をすることで、その他有価証券の帳簿価額は取得原価に戻ります。

**例5** **例4** の翌期首（×2年4月1日）の再振替仕訳をしなさい。

（その他有価証券） 1,000　（その他有価証券評価差額金） 1,000 ← 評価差額の再振替仕訳

（その他有価証券評価差額金） 400　（繰延税金資産） 400 ← 税効果会計の再振替仕訳

これもふつうの再振替仕訳です。

**例6** **例5** の期末（×3年3月31日）において、その他有価証券（帳簿価額5,000円）を時価3,600円に評価替えした（全部純資産直入法。実効税率は40％）。なお、業績の悪化につき、繰延税金資産の回収は全額について困難であると判断した。

これはふつうの評価替えの仕訳です。

$$3,600円 - 5,000円 = △1,400円$$

（その他有価証券評価差額金） 1,400　（その他有価証券） 1,400 ← 評価差額の計上

仕 訳 な し ← 税効果会計

**例4** と同様に、560円（1,400円×40％）を繰延税金資産として計上したいところですが、「繰延税金資産の回収は全額について困難」であるため、繰延税金資産を計上することはできません。

## 税率の変更

　税効果会計の会計基準は、資産負債法を採用しているため、繰延税金資産や繰延税金負債の金額は、一時差異が解消する期の税率で計算します。

　そのため、法人税等について税率の変更があった場合には、すでに計上された繰延税金資産と繰延税金負債を**変更後の税率で再計算**する必要があります。

(1)　法人税等調整額が計上される場合

　税率を変更したことで繰延税金資産や繰延税金負債の金額が増減したときは、税率の変更が行われた年度の法人税等調整額を修正します。

> **例1** 第1期期末において、将来減算一時差異（減価償却費の償却限度超過額）500円が生じていたため、税効果会計を適用する。なお、第1期の法人税等の実効税率は40%とする。

（繰延税金資産）　　　200　　（法人税等調整額）　　　200

500円×40%＝200円

> **例2** 第2期期末において、将来減算一時差異（減価償却費の償却限度超過額）1,000円が生じていたため、税効果会計を適用する。なお、第2期の法人税等の実効税率は30%とする。

法人税等の実効税率を変更した年度の法人税等調整額に加減します。

（繰延税金資産）　100　（法人税等調整額）　100

変更後の税率30％で第2期期末の繰延税金資産を計算し、第1期期末に計上した繰延税金資産との差額を追加計上します。
① 第1期期末：200円
② 第2期期末：1,000円×30％＝300円
③ ②－①＝100円

(2)　評価差額が純資産の部に計上される場合

　資産・負債の評価替えによって生じた評価差額が直接、純資産の部に計上される場合（「その他有価証券評価差額金」が生じる場合など）には、変更後の税率で繰延税金資産や繰延税金負債を計算し、修正差額はその評価差額（「その他有価証券評価差額金」）で処理します。

例3　第1期期末において、その他有価証券（帳簿価額1,500円）を時価1,000円に評価替えした（全部純資産直入法。法人税等の実効税率は40％）。

1,000円－1,500円＝△500円

（その他有価証券評価差額金）　500　（その他有価証券）　500　← 評価差額の計上

（繰延税金資産）　200　（その他有価証券評価差額金）　200　← 税効果会計

500円×40％＝200円

例4　例3の翌期首の再振替仕訳をしなさい。

（その他有価証券）　500　（その他有価証券評価差額金）　500　← 評価差額の再振替仕訳

（その他有価証券評価差額金）　200　（繰延税金資産）　200　← 税効果会計の再振替仕訳

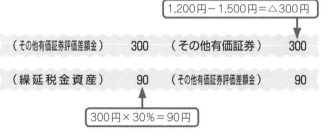

**例5** **例4** の期末において、その他有価証券（帳簿価額1,500円）を時価1,200円に評価替えした（全部純資産直入法。法人税等の実効税率は30%）。

1,200円－1,500円＝△300円

| 評価差額の計上 | （その他有価証券評価差額金） | 300 | （その他有価証券） | 300 |
|---|---|---|---|---|

| 税効果会計 | （繰 延 税 金 資 産） | 90 | （その他有価証券評価差額金） | 90 |
|---|---|---|---|---|

300円×30％＝90円

変更後の税率にもとづいて金額を計算する以外は、いつもの評価替えの仕訳＆税効果会計適用時の仕訳です。

## 税効果会計の対象となる差異とならない差異

| 税効果会計の対象 → | 一時差異 | ●棚卸資産の評価損 |
| | | ●引当金の繰入限度超過額 |
| | | ●減価償却費の償却限度超過額 |
| | | ●積立金方式による圧縮記帳 |
| | | ●その他有価証券の評価差額　など |
| 税効果会計の対象外 → | 永久差異 | ●受取配当金の益金不算入額 |
| | | ●交際費の損金不算入額 |
| | | ●寄附金の損金不算入額　など |

## 法人税等調整額の表示

```
              損 益 計 算 書
  Ⅰ 収           益          10,000
  Ⅱ 費           用           6,000
      税引前当期純利益          4,000
   法人税,住民税及び事業税  1,680
      法人税等調整額    △80    1,600
      当 期 純 利 益          2,400
```

借方残高ならプラス、貸方残高ならマイナス

CASE18〜21

## 税効果会計のまとめ①
### その他有価証券の評価差額以外　《一連の流れ》

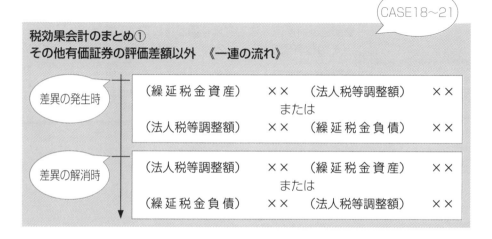

| 差異の発生時 | （繰延税金資産）　××　（法人税等調整額）　×× |
| | または |
| | （法人税等調整額）　××　（繰延税金負債）　×× |
| 差異の解消時 | （法人税等調整額）　××　（繰延税金資産）　×× |
| | または |
| | （繰延税金負債）　××　（法人税等調整額）　×× |

## 税効果会計のまとめ②
### その他有価証券の評価差額 《一連の流れ》

**差異の発生時**

●全部純資産直入法で評価差**損**が生じている場合

| (その他有価証券評価差額金) | 200 | (その他有価証券) | 200 |
| (繰延税金資産) | 80 | (その他有価証券評価差額金) | 80 |

●全部純資産直入法で評価差**益**が生じている場合

| (その他有価証券) | 400 | (その他有価証券評価差額金) | 400 |
| (その他有価証券評価差額金) | 160 | (繰延税金負債) | 160 |

●部分純資産直入法で評価差**損**が生じている場合

| (投資有価証券評価損) | 200 | (その他有価証券) | 200 |
| (繰延税金資産) | 80 | (法人税等調整額) | 80 |

●部分純資産直入法で評価差**益**が生じている場合

| (その他有価証券) | 400 | (その他有価証券評価差額金) | 400 |
| (その他有価証券評価差額金) | 160 | (繰延税金負債) | 160 |

**翌期首**

●全部純資産直入法で評価差**損**が生じている場合

| (その他有価証券) | 200 | (その他有価証券評価差額金) | 200 |
| (その他有価証券評価差額金) | 80 | (繰延税金資産) | 80 |

●全部純資産直入法で評価差**益**が生じている場合

| (その他有価証券評価差額金) | 400 | (その他有価証券) | 400 |
| (繰延税金負債) | 160 | (その他有価証券評価差額金) | 160 |

●部分純資産直入法で評価差**損**が生じている場合

| (その他有価証券) | 200 | (投資有価証券評価損) | 200 |

●部分純資産直入法で評価差**益**が生じている場合

| (その他有価証券評価差額金) | 400 | (その他有価証券) | 400 |
| (繰延税金負債) | 160 | (その他有価証券評価差額金) | 160 |

CASE23

## 繰延税金資産と繰延税金負債の表示

●繰延税金資産は資産の部の「投資その他の資産」に、繰延税金負債は負債の部の「固定負債」に表示する
●投資その他の資産に表示される繰延税金資産と固定負債に表示される繰延税金負債は相殺して表示する

# 第4章

## 本支店会計

京都に支店を開設した!
こんなとき、帳簿の記録はどうするんだろう?

本支店会計は2級でほとんどの内容を学習しました。
1級で新たに学習する内容は、主に「内部利益を加算している場合の処理」と
「在外支店の財務諸表項目の換算」です。

## CASE 24 本支店間の取引

# 本店から支店に現金を送付したときの仕訳

ゴエモン㈱では、このたび京都に支店を出し、京都支店での取引は京都支店の帳簿に記帳してもらうことにしました。

今日、京都支店の開設にあたり、現金100円を支店に送付しましたが、この取引はどのように処理したらよいでしょうか？

**取引** 東京本店は京都支店に現金100円を送付し、京都支店はこれを受け取った。

### 本支店会計とは？

会社の規模が大きくなると、全国各地に支店を設けて活動するようになります。

このように本店と支店がある場合の会計制度を**本支店会計**といいます。

### 本店集中会計制度と支店独立会計制度

本支店会計における支店の取引の処理方法には、本店だけに帳簿をおき、支店が行った取引も本店が一括して処理する方法（**本店集中会計制度**といいます）と、本店と支店に帳簿をおいて、支店の取引は支店の帳簿に記帳する方法（**支店独立会計制度**といいます）がありますが、このテキストでは、支店独立会計制度を前提として説明していきます。

## 本店から支店に現金を送付したときの仕訳

　本店が支店に現金を送ったなどの本店・支店間の取引は、会社内部の取引なので、会社内部の取引ということがわかるように記帳しなければなりません。

　そこで、本店の帳簿には**支店勘定**を、支店の帳簿には**本店勘定**を設けて、本店・支店間の取引は、支店勘定または本店勘定で処理します。

　したがって、CASE24の本店と支店の仕訳は次のようになります。

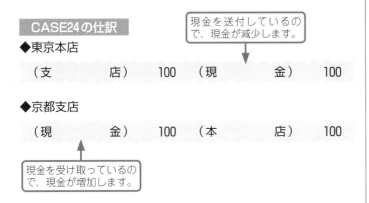

CASE24の仕訳

現金を送付しているので、現金が減少します。

◆東京本店

（支　　　　　店）　100　（現　　　　　金）　100

◆京都支店

（現　　　　　金）　100　（本　　　　　店）　100

現金を受け取っているので、現金が増加します。

　なお、本店の支店勘定と支店の本店勘定は、貸借逆で必ず一致します。

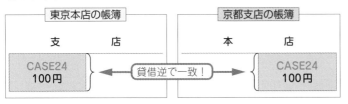

| 東京本店の帳簿 | | 京都支店の帳簿 | |
|---|---|---|---|
| 支 | 店 | 本 | 店 |
| CASE24 100円 | 貸借逆で一致！ | | CASE24 100円 |

とても重要

　1級の試験では、推定問題が出題されることがあります。推定問題では、「**支店勘定と本店勘定**」、「**支店へ売上勘定と本店より仕入勘定**」から取引や残高試算表の金額を求めていきますので、この性質はしっかりと覚えておきましょう。

「支店へ売上勘定」、「本店より仕入勘定」はCASE25で学習します。

# 本店が支店に商品を送付したときの仕訳

今日、ゴエモン㈱東京本店は京都支店に商品（原価100円）を送付し、京都支店はこれを受け取りました。なお、東京本店は、京都支店に商品を送付する際、原価に10％の利益を加算しています。この場合、どんな処理をするのでしょう？

---

**取引** 東京本店は、商品（原価100円）に10％の利益を加算して京都支店に送付し、京都支店はこれを受け取った。

---

## ●本店が支店に商品を送付したときの仕訳

> 逆に、支店で仕入れて本店に送付する場合もあります。

たとえば、商品を大量に仕入れると代金を減らしてもらえるなどの理由で、本店で支店分の商品も一括して仕入れ、本店から支店に商品を送付することがあります。

また、本店が支店に商品を送付する際、その商品に、原価に利益を上乗せした価額（**振替価額**といいます）をつけることがあります。

CASE25では、本店で支入れた原価100円の商品に、10％の利益（100円×10％＝10円）を加算して支店に送付しているので、送付した商品の振替価額は110円となります。

また、本店における支店への売上は**支店へ売上勘定**で、支店における本店からの仕入は**本店より仕入勘定**で処理します。

以上より、CASE25の仕訳は次のようになります。

## CASE25 の仕訳

100円×1.1＝110円

◆東京本店

（支　　　　店）　110　（支店へ売上）　110

◆京都支店

（本店より仕入）　110　（本　　　店）　110

　なお、支店へ売上勘定と本店より仕入勘定は貸借逆で必ず一致します。

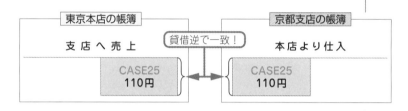

| 東京本店の帳簿 | | 京都支店の帳簿 |
|---|---|---|
| 支 店 へ 売 上 | 貸借逆で一致！ | 本 店 よ り 仕 入 |
| CASE25 110円 | ⟷ | CASE25 110円 |

# CASE 26

## 支店が本店の仕入先から商品を直接仕入れたときの仕訳

ゴエモン㈱では、東京本店がクロキチ㈱から商品を一括して仕入れ、京都支店に送付しています。

今日、京都支店から「商品（原価100円）をクロキチ㈱から直接仕入れた」という連絡を受けたのですが、この場合、どんな処理をするのでしょう？

**取引** 京都支店は、本来東京本店を通じて仕入れている商品を、直接本店の仕入先であるクロキチ㈱から、100円で掛けによって仕入れた。なお、本店は支店へ商品を発送する際に、原価に10％の利益を加算している。

### ● 支店が本店の仕入先から商品を直接仕入れたときの仕訳

本来、本店を通じて仕入れている商品を、支店が本店の仕入先から直接仕入れることがありますが、このような場合でも、本店を通じて仕入れたときと同様の処理をします。

> 処理の一貫性を考慮します。

つまり、東京本店では、クロキチ㈱から商品100円を掛けで仕入れ、振替価額によって京都支店に商品を送付した処理をし、京都支店では、東京本店から振替価額によって商品を仕入れた処理をします。

したがって、CASE26の仕訳は次のようになります。

◆東京本店

| （仕 入） | 100 | （買 掛 金） | 100 | ← 商品の仕入 |
|---|---|---|---|---|
| （支 店） | 110 | （支 店 へ 売 上） | 110 | ← 支店へ売上 |

100円 × 1.1 = 110円

◆京都支店

| （本店より仕入） | 110 | （本 店） | 110 | ← 本店より仕入 |
|---|---|---|---|---|

## 本店が支店の得意先に商品を直接売り上げたときの仕訳

　CASE26の直接仕入れの逆で、本店が支店の得意先に商品を直接売り上げることもあります。このような場合でも、支店を通じて売り上げたときと同様の処理をします。

　仮に、東京本店が京都支店の得意先に商品200円（原価）を、250円で掛けによって売り上げたとした場合の仕訳は、以下のようになります（支店へ商品を発送する際、原価に10%の利益を加算しています）。

200円 × 1.1 = 220円

◆東京本店

| （支 店） | 220 | （支 店 へ 売 上） | 220 | ← 支店へ売上 |
|---|---|---|---|---|

◆京都支店

| （本店より仕入） | 220 | （本 店） | 220 | ← 本店より仕入 |
|---|---|---|---|---|
| （売 掛 金） | 250 | （売 上） | 250 | ← 商品の売上 |

# 支店が複数ある場合の処理

支店が2つ以上ある場合、支店同士の取引をどのように処理するかによって、**支店分散計算制度**と**本店集中計算制度**の2つの方法があります。

## (1) 支店分散計算制度

支店分散計算制度では、それぞれの支店において、各支店勘定を設けて処理します。

> **例1** 京都支店は福岡支店に、原価100円の商品に10%の利益を加算して送付した。

### ◆本店

**仕 訳 な し**

> 考え方 本店は取引に関係ない → 仕訳なし

### ◆京都支店

（福 岡 支 店）　110　（福岡支店へ売上）　110

> 考え方 福岡支店へ商品を振替価額110円（100円×1.1）で売り上げた

### ◆福岡支店

（京都支店より仕入）　110　（京 都 支 店）　110

> 考え方 京都支店から商品（110円）を仕入れた

## (2) 本店集中計算制度

本店集中計算制度では、各支店の帳簿には本店勘定のみ設け、支店間で行われた取引は、本支店間で行われた取引とみなして処理します。

> **例2** 京都支店は福岡支店に、原価100円の商品に10%の利益を加算して送付した。

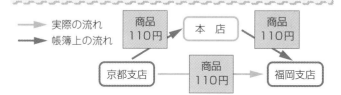

→ 実際の流れ
→ 帳簿上の流れ

◆本店

| | | | | | |
|---|---|---|---|---|---|
| ① | （仕　　　　　入） | 110 | （京　都　支　店） | 110 |
| ② | （福　岡　支　店） | 110 | （仕　　　　　入） | 110 |
| ③ | （福　岡　支　店） | 110 | （京　都　支　店） | 110 |

**考え方** ①京都支店から商品を仕入れた
②京都支店から仕入れた商品を、そのまま福岡支店に送付した
③本店の仕訳（①＋②）

◆京都支店

| （本　　　　　店） | 110 | （本　店　へ　売　上） | 110 |
|---|---|---|---|

**考え方** 本店に対して売り上げたと考えて処理

◆福岡支店

| （本　店　よ　り　仕　入） | 110 | （本　　　　　店） | 110 |
|---|---|---|---|

**考え方** 本店から仕入れたと考えて処理

◆ 問題編 ◆
問題24、25

## CASE 27

# 本支店合併財務諸表の作成（全体像）

今日は決算日。

これまで、東京本店と京都支店の取引は別々に記帳してきましたが、会社全体の財務諸表を作成するときは、ひとつにまとめなければなりません。

さて、どのようにして会社全体の財務諸表を作ればよいでしょう？

> 本支店合併財務諸表の作成の仕方も2級と同じです。

## 本支店合併財務諸表とは？

　本店と支店で別々の帳簿に記帳していたとしても、1つの会社なので、株主や取引先などに報告するための財務諸表は、本店と支店の取引をまとめた会社全体のものでなければなりません。

　この本店と支店をまとめた会社全体の財務諸表を、**本支店合併財務諸表**といいます。

> 詳細はCASE28以降で説明します。なお、決算整理は通常の処理と同じなので、説明を省略します。

## 本支店合併財務諸表の作り方

本支店合併財務諸表は次の流れで作成します。

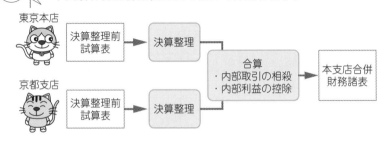

## CASE 28 本支店合併財務諸表の作成

# 内部取引の相殺

本店　支店

支店へ売上

本店より仕入

ふつうの財務諸表で
見かけない勘定科目だニャ。

決算整理を終えて、「これで本店と支店の帳簿を合算すればいいんだね」と思ったのですが、「支店」や「本店」、「支店へ売上」や「本店より仕入」はふつうの財務諸表で見たことがありません。さて、どうしましょう？

例　東京本店と京都支店の決算整理後残高試算表（一部）は次のとおりである。内部取引を相殺し、本支店合併損益計算書の売上高と当期商品仕入高の金額を計算しなさい。なお、期首商品棚卸高と期末商品棚卸高は0円であり、決算整理後残高試算表の「仕入」は外部仕入高を表している。

### 東京本店

#### 残 高 試 算 表

| 借　　方 | 勘定科目 | 貸　　方 |
|---|---|---|
| 600 | 支　　　店 | |
| 1,000 | 仕　　　入 | |
| | 売　　　上 | 2,000 |
| | 支店へ売上 | 440 |

### 京都支店

#### 残 高 試 算 表

| 借　　方 | 勘定科目 | 貸　　方 |
|---|---|---|
| | 本　　　店 | 600 |
| 200 | 仕　　　入 | |
| 440 | 本店より仕入 | |
| | 売　　　上 | 900 |

## ● 内部取引を表す勘定科目は相殺する！

　本支店合併財務諸表には、会社外部との取引高のみ計上するため、会社内部の取引高は計上できません。

　そこで、本支店合併財務諸表を作成する際に、内部取引を表す勘定科目（支店勘定と本店勘定、支店へ売上勘定と本店より

仕入勘定）は相殺します。

◆内部取引の相殺消去の仕訳

```
（本        店）    600    （支        店）    600
（支 店 へ 売 上）    440    （本 店 よ り 仕 入）    440
```

　支店へ売上勘定と本店より仕入勘定が相殺されるため、結局、本支店合併損益計算書の売上高と当期商品仕入高は、外部売上高と外部仕入高（本店と支店の合計額）となります。

　以上より、CASE28の本支店合併損益計算書の売上高と当期商品仕入高は次のようになります。

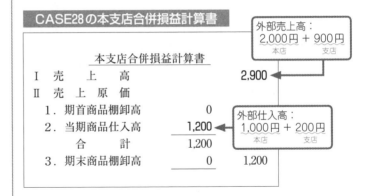

CASE28の本支店合併損益計算書

| | 本支店合併損益計算書 | | |
|---|---|---:|---:|
| Ⅰ 売　上　高 | | | 2,900 |
| Ⅱ 売　上　原　価 | | | |
| 　1.期首商品棚卸高 | | 0 | |
| 　2.当期商品仕入高 | | 1,200 | |
| 　　　合　　計 | | 1,200 | |
| 　3.期末商品棚卸高 | | 0 | 1,200 |

外部売上高：
2,000円 ＋ 900円
本店　　　　支店

外部仕入高：
1,000円 ＋ 200円
本店　　　　支店

CASE
29

本支店合併財務諸表の作成

# 内部利益の控除

支店の商品には、本店がつけた利益が含まれているけど、いいのかニャ？

ゴエモン株式会社

京都支店

商品

東京本店は京都支店に商品を送付するとき、原価に10%の利益を加算しています。

本支店合併財務諸表を作成するとき、期首または期末商品に含まれる利益の扱いはどうなるのでしょうか？

**例** 東京本店と京都支店の商品棚卸高は次のとおりである。なお、東京本店は京都支店に商品を送付する際、原価に10%の利益を加算している。

|  | 本　店 | 支　店 |
|---|---|---|
| 期首商品棚卸高 | 300円 | 250円<br>（うち220円は本店からの仕入分） |
| 期末商品棚卸高 | 400円 | 190円<br>（うち110円は本店からの仕入分） |

本支店合併損益計算書における期首商品棚卸高と期末商品棚卸高を計算しなさい。

## 内部利益は差し引いて！

　本店から支店に商品を送付する際につけた利益（**内部利益**）は、企業の内部取引で生じた利益です。

　したがって、**本支店合併財務諸表を作成するときには、内部利益を差し引き（控除し）ます。**

　CASE29の商品棚卸高のうち、内部利益が含まれているのは、支店における本店からの仕入分です。

　そこで、期首商品棚卸高と期末商品棚卸高に含まれる内部利

益を計算すると次のようになります。

## CASE29の期首商品に含まれる内部利益

①原　　価：$\dfrac{220円}{1.1} = 200円$

②内部利益：$200円 \times 0.1（10\%）= 20円$

> 慣れてきたらまとめて220円×$\dfrac{0.1}{1.1}$＝20円と計算できるようにしましょう。

$$200円 \times 0.1 = 20円$$

| 0.1 | ②内部利益 |
|---|---|
| 1 | ①原　　価 $\dfrac{220円}{1.1} = 200円$ |

1.1（振替価額）→220円

## CASE29の期末商品に含まれる内部利益

①原　　価：$\dfrac{110円}{1.1} = 100円$

②内部利益：$100円 \times 0.1（10\%）= 10円$

> まとめて計算すると110円×$\dfrac{0.1}{1.1}$＝10円ですね。

$$100円 \times 0.1 = 10円$$

| 0.1 | ②内部利益 |
|---|---|
| 1 | ①原　　価 $\dfrac{110円}{1.1} = 100円$ |

1.1（振替価額）→110円

　以上より、CASE29の本支店合併損益計算書の期首商品棚卸高と期末商品棚卸高は次のようになります。

## CASE29の本支店合併損益計算書

本支店合併損益計算書
Ⅰ　売　上　高　　　　　　　　　××
Ⅱ　売　上　原　価
　1．期首商品棚卸高　　　530　← 300円＋250円－20円
　　　　　　　　　　　　　　　　　本店　　支店　　内部利益
　2．当期商品仕入高　　　××
　　　合　　計　　　　　　××
　3．期末商品棚卸高　　　580　← 400円＋190円－10円
　　　　　　　　　　　　　　　　　本店　　支店　　内部利益

# 棚卸減耗費と商品評価損の処理

数が足りないね…。

支店の期末商品に棚卸
減耗と商品評価損が生
じていました。棚卸減耗と商
品評価損は本店仕入分からも
生じているのですが、本店仕
入分の棚卸減耗費と商品評価
損はどのように計算するので
しょうか？

例 京都支店の期末商品棚卸高は資料のとおりである。なお、東京本
店は京都支店に商品を送付する際、原価に10％の利益を加算して
いる。東京本店の期末商品は０円であるとして、本支店合併損益
計算書における期末商品棚卸高、棚卸減耗費、商品評価損と本支
店合併貸借対照表における商品の金額を計算しなさい。

［資　料］京都支店の期末商品棚卸高
1．帳簿棚卸高
　　外部仕入分：4個（原価＠20円）
　　本店仕入分：10個（本店の原価＠10円、振替価額＠11円）
2．実地棚卸高
　　外部仕入分：3個（時価＠18円）
　　本店仕入分：9個（時価＠8円）

## 棚卸減耗費と商品評価損の処理

　京都支店において、本店仕入分の期末商品に棚卸減耗が生じ
たときは、帳簿棚卸数量と実地棚卸数量の差に**本店の仕入原価
（振替価額から内部利益を控除した金額）**を掛けて棚卸減耗費
を計算します。

外部仕入分の棚卸
減耗費、商品評価
損は通常の場合と
同様に計算します。

また、本店仕入分の期末商品の時価が原価（本店の仕入原価）よりも低い場合は、**時価**と**本店の仕入原価（振替価額から内部利益を控除した金額）**との差額に実地棚卸数量を掛けた金額を商品評価損として計上します。

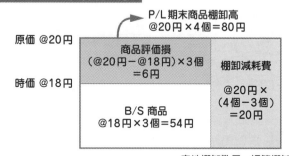

P/L…損益計算書
B/S…貸借対照表

CASE30の外部仕入分

P/L期末商品棚卸高
@20円×4個＝80円

原価 @20円

商品評価損
（@20円－@18円）×3個
＝6円

時価 @18円

棚卸減耗費
@20円×
（4個－3個）
＝20円

B/S 商品
@18円×3個＝54円

実地棚卸数量　帳簿棚卸数量
3個　　　　　4個

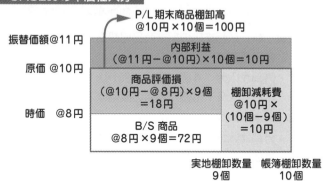

CASE30の本店仕入分

P/L期末商品棚卸高
@10円×10個＝100円

振替価額@11円

内部利益
（@11円－@10円）×10個＝10円

原価 @10円

商品評価損
（@10円－@8円）×9個
＝18円

棚卸減耗費
@10円×
（10個－9個）
＝10円

時価　@8円

B/S 商品
@8円×9個＝72円

実地棚卸数量　帳簿棚卸数量
9個　　　　　10個

したがって、CASE30の期末商品棚卸高、棚卸減耗費、商品評価損、商品の金額は次のようになります。

P/L期末商品棚卸高：80円 + 100円 = 180円

P/L棚 卸 減 耗 費：20円 + 10円 = 30円

P/L商 品 評 価 損： 6円 + 18円 = 24円

B/S商 　 　 　 品：54円 + 72円 = 126円

## 本支店合併財務諸表作成のまとめ

CASE27から CASE30 までで学習したように、本店と支店の決算整理前残高試算表をもとに、①**決算整理**を行ってから、②**勘定ごとに金額を合算して本支店合併財務諸表を作成**します。

なお、金額の合算の際には、内部取引の相殺と内部利益の控除を忘れないようにしましょう。

### 支店の期首商品に含まれる内部利益

試験問題で、支店の期首商品に内部利益が含まれているときは、この内部利益は、通常、本店の残高試算表に「**繰延内部利益**」として表示されています。

したがって、本支店合併財務諸表を作成する際には、支店の期首商品棚卸高から本店の残高試算表に記載されている「繰延内部利益」を差し引いて、本支店合併損益計算書の期首商品棚卸高を計算します。

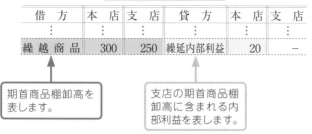

決算整理前残高試算表

| 借　方 | 本 店 | 支 店 | 貸　方 | 本 店 | 支 店 |
|---|---|---|---|---|---|
| ： | ： | ： | ： | ： | ： |
| 繰 越 商 品 | 300 | 250 | 繰延内部利益 | 20 | － |

期首商品棚卸高を表します。

支店の期首商品棚卸高に含まれる内部利益を表します。

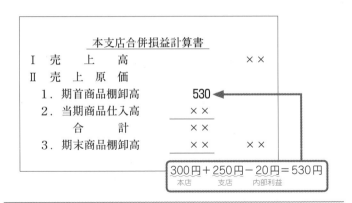

本支店合併損益計算書

Ⅰ　売　　上　　高　　　　　　　　　　　　××
Ⅱ　売　上　原　価
　　1．期首商品棚卸高　　　　　530 ◄
　　2．当期商品仕入高　　　　　 ××
　　　　　合　　　計　　　　　　 ××
　　3．期末商品棚卸高　　　　　 ××　　　　××

300円＋250円－20円＝530円
本店　　　支店　　　内部利益

◆ 問題編 ◆
問題26、27

## CASE 31 帳簿の締切

# 帳簿の締切（全体像）

決算では、財務諸表を作成するとともに帳簿を締め切る必要があります。本支店会計では本店と支店にそれぞれ帳簿がありますが、これらの帳簿はどのように締め切るのでしょうか？

## ● 帳簿の締切

　決算が終わったら、次期の帳簿記入に備えて本店と支店の帳簿を締め切ります。

　本支店会計における帳簿の締切は、①損益振替、②内部利益の整理、③法人税等の計上、④資本振替の順に行い、最後に本店・支店の各勘定を締め切ります。

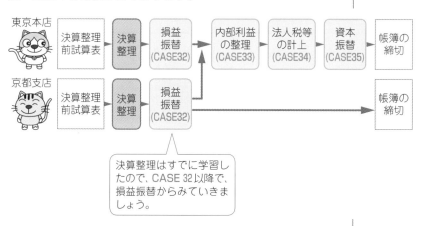

# CASE 32

帳簿の締切

## 損益振替

通常の帳簿の締切（支店がない場合）では、損益勘定で算定した当期純損益を繰越利益剰余金勘定に振り替えますが、本店と支店に損益勘定がある場合、どのように当期純損益を振り替えるのでしょう？

---

**例** 次の資料にもとづき、本店および支店の損益勘定を締め切るとともに、総合損益勘定への記入を示しなさい。

| 東京本店 損 益 | | |
|---|---|---|
| 仕　　入　　900 | 売　　上　 | 2,000 |
| その他費用　500 | 支店へ売上 | 440 |

| 京都支店 損 益 | | |
|---|---|---|
| 仕　　入　　260 | 売　　上　 | 900 |
| 本店より仕入　440 | | |
| その他費用　　50 | | |

---

## 当期純損益の振替え（損益振替）

　決算整理後の収益と費用は、本店と支店の帳簿において、損益勘定に振り替え、損益勘定で本店・支店独自の当期純損益を算定します。

　なお、通常の帳簿の締切（支店がない場合の帳簿の締切）では、損益勘定で算定した当期純損益を繰越利益剰余金に振り替えますが、本支店会計では、本店に**総合損益勘定**を設けて、本店と支店それぞれの当期純損益を**総合損益勘定**に振り替えます。

130

## (1) 本店の当期純損益の振替え

CASE32の東京本店の損益勘定から、本店の当期純損益を計算すると1,040円（当期純利益）となります。

そこで、この1,040円を総合損益勘定の貸方に振り替えます。

### CASE32 本店の純利益の振替え

◆東京本店

（損　　　　益）　1,040　（総　合　損　益）　1,040

通常、当期純利益は、損益勘定から繰越利益剰余金勘定の貸方に振り替えます。本支店会計の場合も同様に考えて、損益勘定から総合損益勘定の貸方に振り替えましょう。

## (2) 支店の当期純損益の振替え

次に、CASE32の京都支店の損益勘定から、支店の当期純損益を計算すると150円（当期純利益）となります。

```
                京都支店
          損           益
仕      入   260  売      上   900
本店より仕入  440
その他費用    50
当期純利益150円
```

そこで、この150円を本店の総合損益勘定に振り替えます。

この振替仕訳は、本店・支店間の取引と考え、本店と支店の両方で仕訳をします。なお、仕訳の相手科目は**本店勘定**または**支店勘定**で処理します。

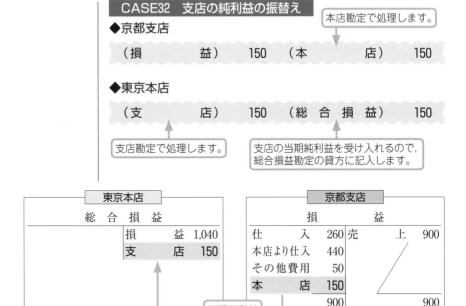

CASE32　支店の純利益の振替え

本店勘定で処理します。

◆京都支店

（損　　　　益）　150　（本　　　　店）　150

◆東京本店

（支　　　　店）　150　（総　合　損　益）　150

支店勘定で処理します。　支店の当期純利益を受け入れるので、総合損益勘定の貸方に記入します。

| 東京本店 | | |
|---|---|---|
| 総　合　損　益 | | |
| | 損　　　益 | 1,040 |
| | 支　　　店 | 150 |

当期純利益

| 京都支店 | | |
|---|---|---|
| 損 | | 益 |
| 仕　　入 | 260 | 売　　上　900 |
| 本店より仕入 | 440 | |
| その他費用 | 50 | |
| 本　　店 | 150 | |
| | 900 | 900 |

　　以上より、CASE32の本店および支店の損益勘定の締切と、総合損益勘定への記入は次のようになります。

CASE32　損益振替

| 東京本店 | | |
|---|---|---|
| 損 | | 益 |
| 仕　　入 | 900 | 売　　上　2,000 |
| その他費用 | 500 | 支店へ売上　440 |
| 総　合　損　益 | 1,040 | |
| | 2,440 | 2,440 |

| 総　合　損　益 | | |
|---|---|---|
| | 損　　　益 | 1,040 |
| | 支　　　店 | 150 |

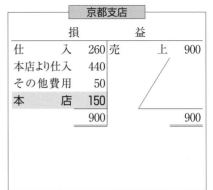

| 京都支店 | | |
|---|---|---|
| 損 | | 益 |
| 仕　　入 | 260 | 売　　上　900 |
| 本店より仕入 | 440 | |
| その他費用 | 50 | |
| 本　　店 | 150 | |
| | 900 | 900 |

# 内部利益の整理

内部利益が
含まれてるニャ。

| 総 合 損 益 | |
|---|---|
| 損益 1,040 | |
| 支店 150 | |

帳簿上、本店と支店の
当期純利益には、内部
利益が含まれています。
本支店合併財務諸表を作成す
るにあたって、内部利益は控
除しましたが、帳簿上ではど
んな処理をするのでしょう
か?

---

**例** 次の資料にもとづき、内部利益の整理を行い、総合損益勘定への
記入を示しなさい。なお、東京本店は京都支店に商品を送付する
際、原価に10%の利益を加算している。

［資　料］

1．支店の期末商品のうち、110円は本店からの仕入分である。
2．支店の期首商品のうち、220円は本店からの仕入分である。
3．本店と支店の純利益を振り替えたあとの総合損益勘定は次のとお
りである。

| 東京本店 | |
|---|---|
| 総　合　損　益 | |
| | 損　　　　　益 1,040 |
| | 支　　　　　店 150 |

---

## 期末商品に含まれる内部利益の整理

　本店の当期純損益と支店の当期純損益を総合損益勘定に振り
替えた結果、総合損益勘定で会社全体の当期純損益を算定する
ことができますが、振り替えられた当期純損益の中には、内部

利益が含まれています。

　そこで、帳簿上においても、期末商品に含まれる内部利益を控除する必要があります。

　期末商品に含まれる内部利益は、**繰延内部利益**として処理します。また、このときの相手科目（借方）は**繰延内部利益控除**という利益の減算項目で処理します。

◆東京本店

（繰延内部利益控除）　　　10　　（繰延内部利益）　　　10
　　利益の減算項目

前T/B…決算整理前残高試算表

　また、当期純損益はすでに総合損益勘定に振り替えられているため、利益の減算項目である**繰延内部利益控除**を**総合損益勘定**に振り替えます。

◆東京本店

（総　合　損　益）　　　10　　（繰延内部利益控除）　　　10

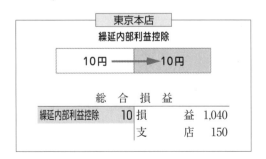

## 期首商品に含まれる内部利益の整理

　期首商品は当期中にすべて販売されたと考えるため、期首商品に含まれる内部利益は、当期において戻し入れます（**繰延内部利益を借方に記入**します）。

　なお、このときの相手科目（貸方）は**繰延内部利益戻入**という利益の加算項目で処理します。

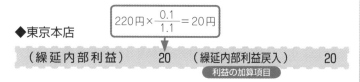

◆東京本店

| （繰延内部利益） | 20 | （繰延内部利益戻入） | 20 |

利益の加算項目

　また、当期純損益はすでに本店の総合損益勘定に振り替えられているため、利益の加算項目である**繰延内部利益戻入**を**総合損益勘定**に振り替えます。

◆東京本店

| （繰延内部利益戻入） | 20 | （総　合　損　益） | 20 |

> 前T/Bの「繰延内部利益」が期首商品に含まれる内部利益です。

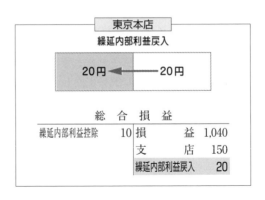

```
              東京本店
            繰延内部利益戻入

        ┌──────────┬─────────┐
        │  20円  ◄─┼── 20円  │
        └──────────┴─────────┘


              総  合  損  益
   繰延内部利益控除    10 │損        益  1,040
                        │支     店     150
                        │繰延内部利益戻入    20
```

　以上より、CASE33の内部利益の整理と総合損益勘定の記入
は次のようになります。

## CASE33　内部利益の整理と総合損益勘定の記入

◆東京本店

期末商品に含
まれる内部利
益の整理

（繰延内部利益控除）　　　10　　（繰 延 内 部 利 益）　　　10
（総 合 損 益）　　　10　　（繰延内部利益控除）　　　10

期首商品に含
まれる内部利
益の整理

（繰延内部利益）　　　20　　（繰延内部利益戻入）　　　20
（繰延内部利益戻入）　　　20　　（総 合 損 益）　　　20

```
              東京本店
              総  合  損  益
   繰延内部利益控除    10 │損        益  1,040
                        │支     店     150
                        │繰延内部利益戻入    20
```

# 法人税等の計上

法人税等は
どーする？

ゴエモン株式会社
東京本店

帳　簿

決算において会社全体の法人税等が500円と計算されたのですが、この法人税等は帳簿上、どのように扱うのでしょうか？

> **例** 次の資料にもとづき、法人税等を計上し、総合損益勘定への記入を示しなさい。

［資　料］
1．ゴエモン㈱の当期の法人税等は500円であった（期中に仮払いした金額はない）。
2．法人税等を計上する前の総合損益勘定は次のとおりである。

| 東京本店 | | | |
|---|---|---|---|
| 総　合　損　益 | | | |
| 繰延内部利益控除 | 10 | 損　　　益 | 1,040 |
| | | 支　　　店 | 150 |
| | | 繰延内部利益戻入 | 20 |

## ● 法人税等の計上

　法人税等は会社全体の利益にかかるものです。したがって、いったん法人税等を計上する処理をしたあと、法人税等を**総合損益勘定**に振り替えます。

　したがって、CASE34の法人税等の計上と総合損益勘定の記入は次のようになります。

## CASE34 法人税等の計上と総合損益勘定の記入

### ◆東京本店

| | | | |
|---|---|---|---|
| （法 人 税 等） | 500 | （未払法人税等） | 500 |
| （総 合 損 益） | 500 | （法 人 税 等） | 500 |

東京本店

**総 合 損 益**

| | | | | |
|---|---|---|---|---|
| 繰延内部利益控除 | 10 | 損　　　益 | 1,040 |
| **法 人 税 等** | **500** | 支　　　店 | 150 |
| | | 繰延内部利益戻入 | 20 |

# CASE 35 帳簿の締切

## 資本振替

会社全体の利益を計算して…。

ピッピッ♪

総合損益勘定で会社全体の当期純利益が算定できたので、これを繰越利益剰余金に振り替えることにしました。

---

**例** 会社全体の当期純利益700円を繰越利益剰余金勘定に振り替える。

**東京本店**

### 総 合 損 益

| | | | | |
|---|---|---|---|---|
| 繰延内部利益控除 | 10 | 損　　　益 | 1,040 |
| 法 人 税 等 | 500 | 支　　　店 | 150 |
| 会社全体の当期純利益 700円 { | | 繰延内部利益戻入 | 20 |

---

## ● 繰越利益剰余金勘定への振替え（資本振替）

　総合損益勘定で算定した会社全体の当期純損益は、**繰越利益剰余金勘定**に振り替えます。

　CASE35では当期純利益が生じているので、総合損益勘定から**繰越利益剰余金勘定の貸方**に振り替えます。

　したがって、CASE35の資本振替の仕訳と総合損益勘定の記入は次のようになります。

## CASE35 資本振替と総合損益勘定の記入

◆東京本店

| （総　合　損　益） | 700 | （繰越利益剰余金） | 700 |

東京本店

総　合　損　益

| 繰延内部利益控除 | 10 | 損　　　　益 | 1,040 |
| 法　人　税　等 | 500 | 支　　　　店 | 150 |
| 繰越利益剰余金 | 700 | 繰延内部利益戻入 | 20 |
| | 1,210 | | 1,210 |

繰越利益剰余金

| 当期配当・処分額 | ×× | 期　首　残　高 | ×× |
| 期　末　残　高 | ×× | 総　合　損　益 | 700 |
| | ×× | | ×× |

各勘定の締切は、3級や2級で学習した内容と同じなので、説明を省略します。

### ●各勘定の締切

　最後に本店および支店の資産、負債、純資産の各勘定を締め切ります。

## 損益勘定による当期純損益の振替え

　会社全体の当期純損益の算定の際、総合損益勘定を設けないで、本店の損益勘定を総合損益勘定の代用として用いることもあります。

　この場合、本店の損益勘定の記入は次のようになります。

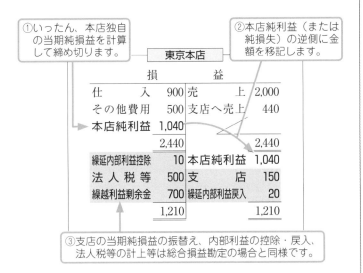

①いったん、本店独自の当期純損益を計算して締め切ります。

②本店純利益（または純損失）の逆側に金額を移記します。

### 東京本店

損益

| 仕　　　　　入 | 900 | 売　　　　　上 | 2,000 |
| その他費用 | 500 | 支店へ売上 | 440 |
| 本店純利益 | 1,040 | | |
| | 2,440 | | 2,440 |
| 繰延内部利益控除 | 10 | 本店純利益 | 1,040 |
| 法 人 税 等 | 500 | 支　　　　　店 | 150 |
| 繰越利益剰余金 | 700 | 繰延内部利益戻入 | 20 |
| | 1,210 | | 1,210 |

③支店の当期純損益の振替え、内部利益の控除・戻入、法人税等の計上等は総合損益勘定の場合と同様です。

　なお、本店独自の当期純損益を計算しない（いったん締め切らない）方法もあります。

　この場合の記入は次のようになります。

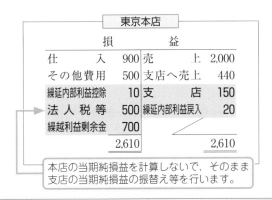

### 東京本店

損益

| 仕　　　　　入 | 900 | 売　　　　　上 | 2,000 |
| その他費用 | 500 | 支店へ売上 | 440 |
| 繰延内部利益控除 | 10 | 支　　　　　店 | 150 |
| 法 人 税 等 | 500 | 繰延内部利益戻入 | 20 |
| 繰越利益剰余金 | 700 | | |
| | 2,610 | | 2,610 |

本店の当期純損益を計算しないで、そのまま支店の当期純損益の振替え等を行います。

# CASE 36

## 在外支店の財務諸表項目の換算

ドル建てだ…。

Cash $580

GOEMON HAWAII

アロハ〜

ゴエモン㈱は、ハワイにも支店があります。ハワイ支店の財務諸表項目はドル建てで記帳されていますが、在外支店がある場合の本支店合併財務諸表はどのように作成するのでしょうか？

---

例　次の資料にもとづき、ゴエモン㈱ハワイ支店の円貨額による貸借対照表と損益計算書を作成しなさい。

[資料1] ハワイ支店の決算整理後残高試算表

### 決算整理後残高試算表
×3年3月31日　　　　（単位：ドル）

| 現　　　金 | 580 | 買　掛　金 | 500 |
|---|---|---|---|
| 売　掛　金 | 780 | 短期借入金 | 200 |
| 繰 越 商 品 | 170 | 本　　　店 | 2,400 |
| 建　　　物 | 2,000 | 売　　　上 | 2,200 |
| 仕　　　入 | 1,430 | | |
| 減 価 償 却 費 | 100 | | |
| その他の費用 | 240 | | |
| | 5,300 | | 5,300 |

[資料2] その他

1．本店の決算整理後残高試算表の支店勘定は245,500円である。

2．当期商品仕入高は1,600ドルである（期首商品はない）。また、期末において棚卸減耗等は生じていない。

3．計上時が不明な収益または費用については、期中平均相場によって換算する。

4. 為替相場（1ドルあたり）

| | | | |
|---|---|---|---|
| 短期借入金の発生時：100円 | | 建 物 の 購 入 時：102円 | |
| 商 品 の 仕 入 時：101円 | | 商 品 の 売 上 時：103円 | |
| 期 中 平 均（当 期）：104円 | | 当 期 末（決 算 時）：105円 | |

## 在外支店の財務諸表項目の換算

在外支店があるときは、在外支店の財務諸表項目を円換算してから、本店の金額と合算します。

在外支店の財務諸表項目の換算は、基本的に本店の外貨建財務諸表項目の換算と同様です。

> 試験では、換算についていろいろ指示がつくので、問題文の指示にしたがって換算してください。

### (1) 貸借対照表項目の換算

**貨幣項目**については**決算時の為替相場（CR）**によって換算し、**非貨幣項目**については**取得時または発生時の為替相場（HR）**によって換算します。

なお、**本店勘定**については、本店の支店勘定と一致させなければならないので、**本店における支店勘定の金額**を円換算額として用います。

### ① 有価証券以外の項目の換算

| 分　類 | | 項　　　目 | |
|---|---|---|---|
| 貨 幣 項 目 | 資産 | 外国通貨、外貨預金、受取手形、売掛金、未収入金、貸付金、未収収益　など | 決算時の為替相場で換算 **CR** |
| | 負債 | 支払手形、買掛金、未払金、借入金、未払費用　など | |
| 非貨幣項目 | 資産 | 棚卸資産*、前払金、前払費用、固定資産　など | 取得時または発生時の為替相場で換算 **HR** |
| | 負債 | 前受金、前受収益　など | |
| 本店勘定 | | ― | 本店における「支店勘定」の金額 |

\*　時価で評価しているものは**決算時の為替相場（CR）**で換算します

② 有価証券の換算

| 分　　類 | 貸借対照表価額 | |
|---|---|---|
| 売 買 目 的 有 価 証 券 | CC × CR | |
| 満 期 保 有 目 的 債 券 | 原　　　則 | HC × CR |
| | 償 却 原 価 法 | 償却原価 × CR |
| そ の 他 有 価 証 券 | 時 価 あ り | CC × CR |
| | 市場価格のない株式等 | HC × CR |
| 子会社株式・関連会社株式 | HC × HR | |
| 強 制 評 価 減 | CC × CR | |
| 実 価 法 | 実質価額 × CR | |

決算時の為替相場で
換算 CR

取得時の為替相場で
換算 HR

決算時の為替相場で
換算 CR

## (2) 損益計算書項目の換算

### ① 費用性資産の費用化額の換算

有形固定資産は減価償却により、取得原価が費用（減価償却費）に転化します。このように販売または使用（費消）されることにより、費用化される資産を**費用性資産**といいます。

費用性資産には、棚卸資産、固定資産、前払費用などがあり、これらの**費用性資産の費用化額（売上原価や減価償却費）**は、その資産の**取得時の為替相場（HR）**で換算します。

### ② 収益性負債の収益化額の換算

前受金や前受収益など（**収益性負債**といいます）の収益化額は、その収益性負債の**発生時の為替相場（HR）**で換算します。

### ③ 本店より仕入勘定の換算

**本店より仕入勘定**については、本店の支店へ売上勘定と一致させなければならないので、**本店における支店へ売上勘定の金額**を円換算額として用います。

### ④ 上記以外の収益・費用の換算

上記以外の収益および費用は、**原則として発生時の為替相場（HR）**で換算しますが、**期中平均相場（AR）**で換算することも認められています。

| 分　類 | 項　目 | |
|---|---|---|
| ①費用性資産の費用化額 | 売上原価、減価償却費、前払費用・前払金の費用化額 | 取得時または発生時の為替相場で換算 **HR** |
| ②収益性負債の収益化額 | 前受収益、前受金の収益化額 | |
| ③本店より仕入勘定 | — | 本店における「支店へ売上勘定」の金額 |
| ④その他 | 上記以外 | 発生時の為替相場(原則)または期中平均相場(容認)で換算 **HR**または**AR** |

## 換算の順序

　在外支店の財務諸表項目の換算は、まず貸借対照表から行い、**貸借対照表の貸借差額によって当期純利益を計算**します。

　そして貸借対照表の当期純利益を損益計算書に移記し、損益計算書のその他の項目を換算します。

　最後に、損益計算書における貸借差額を**為替差損益（営業外費用**または**営業外収益）** で処理します。

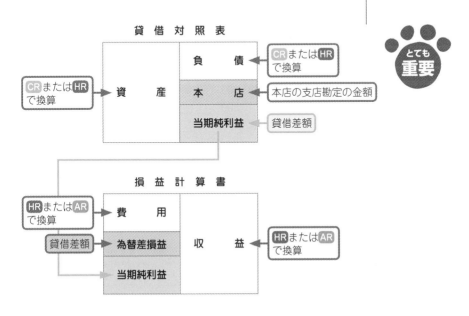

とても
重要

以上より、CASE36のハワイ支店の財務諸表項目の換算（貸借対照表と損益計算書）は次のようになります。

## CASE36　ハワイ支店の財務諸表項目の換算

期首商品がないので期末商品はすべて当期仕入分です。したがって、商品仕入時の為替相場で換算します。

### 貸　借　対　照　表

×3年3月31日　　　　　　（単位：円）

| 現　　　　金 | 60,900 | 買　　掛　　金 | 52,500 |
|---|---|---|---|
| 売　　掛　　金 | 81,900 | 短 期 借 入 金 | 21,000 |
| 商　　　　品 | 17,170 | 本　　　　　店 | 245,500 |
| 建　　　　物 | 204,000 | 当 期 純 利 益 | 44,970 |
| | 363,970 | | 363,970 |

[資料2]
1.より

貸借差額

```
現　　　　金：580ドル×105円(CR)＝60,900円
売　　掛　　金：780ドル×105円(CR)＝81,900円
商　　　　品：170ドル×101円(仕入時)＝17,170円
建　　　　物：2,000ドル×102円(購入時)＝204,000円
買　　掛　　金：500ドル×105円(CR)＝52,500円
短期借入金：200ドル×105円(CR)＝21,000円
```

### 損　益　計　算　書

自×2年4月1日 至×3年3月31日(単位：円)

| 期首商品棚卸高 | 0 | 売　　　上　　　高 | 226,600 |
|---|---|---|---|
| 当期商品仕入高 | 161,600 | 期末商品棚卸高 | 17,170 |
| 減 価 償 却 費 | 10,200 | | |
| その他の費用 | 24,960 | | |
| 為　替　差　損 | 2,040 | | |
| 当 期 純 利 益 | 44,970 | | |
| | 243,770 | | 243,770 |

貸借差額

```
当期商品仕入高：1,600ドル×101円(仕入時)＝161,600円
減 価 償 却 費：100ドル×102円(購入時)＝10,200円
その他の費用：240ドル×104円(当期AR)＝24,960円
売　　　上　　　高：2,200ドル×103円(売上時)＝226,600円
期末商品棚卸高：170ドル×101円(仕入時)＝17,170円
```

⊖ 問題編 ⊖
問題29

## 本支店間の取引の処理

- ●本店・支店間の取引は、本店側では「支店」、支店側では「本店」で処理
- ●本店が支店に商品を売り上げたときは「支店へ売上」、支店が本店から商品を仕入れたときは「本店より仕入」で処理
- ●直接取引（支店が本店の取引先から直接商品を仕入れた場合など）は本店または支店を通じて行ったと仮定して処理

## 本支店合併財務諸表の作成

- ●「支店」と「本店」、「支店へ売上」と「本店より仕入」は貸借逆で一致
- ●本支店合併損益計算書の売上高、当期商品仕入高は内部取引控除後の金額を記入
- ●期首商品および期末商品に含まれる内部利益は控除
- ●内部利益が含まれている期末商品（支店における本店仕入分の期末商品等）の棚卸減耗費と商品評価損は、内部利益控除後の原価にもとづいて計算

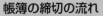

CASE31～35

## 帳簿の締切の流れ

東京本店：決算整理前試算表 → 決算整理 → 損益振替 → 内部利益の整理 → 法人税等の計上 → 資本振替 → 帳簿の締切

京都支店：決算整理前試算表 → 決算整理 → 損益振替 → 帳簿の締切

①本店の純損益を総合損益勘定に振り替える

本店：（損　　　　益）　1,040　（総 合 損 益）　1,040

★総合損益勘定を設けない場合はこの処理は不要

②支店の純損益を本店の総合損益勘定（または損益勘定）に振り替える

支店：（損　　　　益）　150　（本　　　　店）　150

本店：（支　　　　店）　150　（総 合 損 益）　150
　　　　　　　　　　　　　　　　　　または「損益」

③期末商品に含まれる内部利益を控除し、期首商品に含まれる内部利益を戻し
　入れる

本店：（繰延内部利益控除）　10　（繰延内部利益）　10

（総 合 損 益）　10　（繰延内部利益控除）　10
　または「損益」

（繰延内部利益）　20　（繰延内部利益戻入）　20

（繰延内部利益戻入）　20　（総 合 損 益）　20
　　　　　　　　　　　　　　　または「損益」

④法人税等を計上する

本店：（法 人 税 等）　500　（未払法人税等）　500

（総 合 損 益）　500　（法 人 税 等）　500
　または「損益」

⑤会社全体の当期純損益を繰越利益剰余金勘定に振り替える

本店：（総 合 損 益）　700　（繰越利益剰余金）　700
　　　または「損益」

⑥本店および支店の資産、負債、純資産の各勘定を締め切る

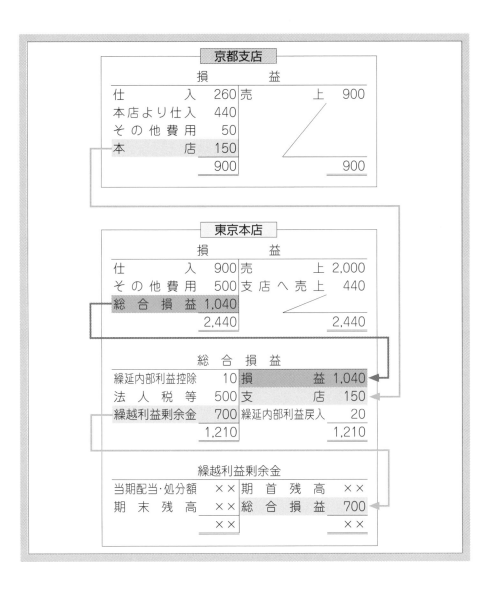

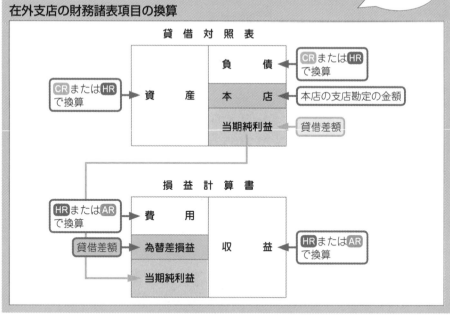

在外支店の財務諸表項目の換算

貸 借 対 照 表

資 産 — CR または HR で換算

負 債 — CR または HR で換算

本 店 — 本店の支店勘定の金額

当期純利益 — 貸借差額

損 益 計 算 書

費 用 — HR または AR で換算

為替差損益 — 貸借差額

当期純利益

収 益 — HR または AR で換算

# 第5章

## キャッシュ・フロー計算書

財務諸表には、損益計算書、貸借対照表、
株主資本等変動計算書のほかに
キャッシュ・フロー計算書というものがある。
どうやらお金の流れを表す書類のようだけど、
いったい、お金の流れはどのように把握するんだろう?

ここでは、キャッシュ・フロー計算書についてみていきましょう。

# CASE 37

## キャッシュ・フロー計算書とは?

キャッシュ・フロー
＝お金の流れ？

経理
マニュアル

ゴエモン㈱では、損益計算書、貸借対照表の作成が終わりほっと一息…と思っていたのですが、キャッシュ・フロー計算書という財務諸表も作らなくてはならないようです。
ところで、キャッシュ・フロー計算書ってどんな財務諸表なのでしょう？

### ●キャッシュ・フロー計算書とは？

キャッシュ・フロー計算書とは、一会計期間におけるキャッシュ・フロー（収入と支出）を活動区分別に報告するための財務諸表をいいます。

### ●キャッシュ・フロー計算書の必要性

損益計算書では収益と費用から当期純損益を計算しましたが、この収益・費用の額は通常、収入・支出の額とは異なります。

たとえば、当期に商品80円を現金で仕入れて、100円の売価をつけて掛けで売り上げた場合、損益計算書では利益が20円（100円－80円）と計算されます。

ゴエモン株式会社

80円 商品

100円 商品

現金仕入

掛売上

80

収益 100円
費用 80円
利益 20円

しかし、現金ベースで考える（売掛金100円はまだ回収されていないと仮定する）と、収入額が0円、支出額が80円となるので、現金ベースで考えた場合の利益は△80円となります。

ゴエモン株式会社

収支でみると
マイナスだ！

| 収入 | 0円 |
| 支出 | 80円 |
| 差額 | △80円 |

　このように、収益と収入、費用と支出にズレが生じていると、損益計算書上では利益が生じているのに、実際は資金が不足しているため、支払いが滞って倒産してしまう（これを**黒字倒産**といいます）、ということもあります。

損益計算書に利益が生じているからといって、資金が十分にある、というわけではないのです。

　また、貸借対照表は期末時点の財政状態を表しますが、資産や負債の増減は表しません。

　そこで、会社の状況に関する利害関係者の判断を誤らせないようにするため、資金の増減状況や期末における資金の残高を表すキャッシュ・フロー計算書の作成が必要となるのです。

## ● 資金（キャッシュ）の範囲

　一般的に「キャッシュ」というと現金を意味しますが、キャッシュ・フロー計算書における「キャッシュ（資金）」は、**現金及び現金同等物**をいいます。

### (1) 現金

　キャッシュ・フロー計算書における**現金**とは、手許にある現金（**手許現金**）のほかに、**普通預金**や**当座預金**など、事前に通知することなく引き出せる預金を含みます。また、事前に通知しておけば数日で元本を引き出せる**通知預金**も現金の範囲に含まれます。

　これらの、普通預金、当座預金、通知預金などをまとめて**要求払預金**といいます。

株式は価値の変動リスクが高いので、現金同等物には含まれません。

譲渡性預金、コマーシャル・ペーパー、公社債投資信託の意味を覚える必要はありません。

**(2) 現金同等物**

　キャッシュ・フロー計算書における**現金同等物**とは、容易に換金することができ、かつ、価値の変動リスクが少ない短期投資をいい、取得日から満期日までの期間が**3か月以内**の定期預金や譲渡性預金などがあります。

| 資金（キャッシュ）の範囲 | | | |
|---|---|---|---|
| 資　金<br>（キャッシュ） | 現　　金 | 手許現金 | |
| | | 要求払預金 | 普通預金<br>当座預金<br>通知預金 |
| | 現金同等物*1 | 定期預金<br>譲渡性預金*2<br>コマーシャル・ペーパー*3<br>公社債投資信託*4　　など | |

＊1　容易に換金可能かつ価値の変動リスクが僅少な短期投資（3か月以内）
＊2　銀行が発行する無記名の預金証書。預金者はこれを金融市場で自由に売買できる
＊3　企業が資金調達のために市場で発行する短期の約束手形
＊4　株式を組み入れず、国債など安全性の高い公社債を中心に運用する投資信託。信託銀行は投資者から預かった資金で公社債を運用し、運用成果を投資者に分配する

## ● キャッシュ・フロー計算書の様式

　キャッシュ・フロー計算書は、会社の活動を**営業活動、投資活動、財務活動**に分け、それぞれの活動ごとに資金（キャッシュ）の増減を表示します。

　キャッシュ・フロー計算書のおおまかな様式を示すと次のとおりです。

キャッシュ・フロー計算書

| | |
|---|---|
| 営業活動によるキャッシュ・フロー | ×× |
| 投資活動によるキャッシュ・フロー | ×× |
| 財務活動によるキャッシュ・フロー | ×× |
| 現金及び現金同等物に係る換算差額 | ×× |
| 現金及び現金同等物の増減額（△は減少） | ×× |
| 現金及び現金同等物の期首残高 | ⊕ ×× |
| 現金及び現金同等物の期末残高 | ×× |

活動ごとに分けて表示

外貨建ての現金や現金同等物
を換算したときの換算差額

当期の増減額

## ● 営業活動によるキャッシュ・フローに記載される項目

　営業活動によるキャッシュ・フローの区分には、商品の仕入
や販売等、営業活動により生じるキャッシュ・フローが記載さ
れます。

　つまり、損益計算書の営業損益計算の対象となった取引から
生じるキャッシュ・フローが記載されることになります。

　また、営業活動によるキャッシュ・フローの区分には、投資
活動にも財務活動にも分類されない活動（その他の活動）から
生じるキャッシュ・フローも記載されます。

---

**営業活動によるキャッシュ・フローに記載するもの**

①商品（またはサービス）の販売による収入
②商品（またはサービス）の購入による支出
③従業員や役員に対する給料、報酬の支払い
④その他の営業支出（営業費支出など）

営業活動から
生じたキャッ
シュ・フロー

⑤災害による保険金の収入
⑥損害賠償金の支払い
⑦法人税等の支払い　など

営業活動にも投資活動にも財務
活動にも分類されない活動から
生じたキャッシュ・フロー

---

## 投資活動によるキャッシュ・フローに記載される項目

投資活動によるキャッシュ・フローの区分には、有価証券や建物の購入や売却、資金の貸付けなど、投資活動により生じるキャッシュ・フローが記載されます。

> **投資活動によるキャッシュ・フローに記載するもの**
> ①有価証券や有形固定資産の取得による支出
> ②有価証券や有形固定資産の売却による収入
> ③貸付けによる支出
> ④貸付金の回収による収入　など

## 財務活動によるキャッシュ・フローに記載される項目

財務活動によるキャッシュ・フローの区分には、資金の借入れ、社債の発行・償還、株式の発行など、財務活動により生じるキャッシュ・フローが記載されます。

> **財務活動によるキャッシュ・フローに記載するもの**
> ①借入れによる収入
> ②借入金の返済による支出
> ③社債の発行による収入
> ④社債の償還による支出
> ⑤株式の発行による収入
> ⑥配当金の支払い　など

## 利息と配当金の表示区分

利息や配当金の受取額または支払額は、キャッシュ・フロー計算書では「**利息の受取額**（または**支払額**）」、「**配当金の受取額**（または**支払額**）」として表示します。

なお、利息や配当金の受取額または支払額については、次の2つのうちどちらかの表示区分によって表示します。

## (1) 損益計算書項目かどうかで区分する方法

　1つめは、損益計算書項目である**受取利息、受取配当金、支払利息**は**営業活動によるキャッシュ・フロー**に表示し、損益計算書項目ではない**支払配当金**は**財務活動によるキャッシュ・フロー**に表示する方法です。

## (2) 活動によって区分する方法

　2つめは、投資活動の成果である**受取利息、受取配当金**は**投資活動によるキャッシュ・フロー**に表示し、財務活動上の支出である**支払利息、支払配当金**は**財務活動によるキャッシュ・フロー**に表示する方法です。

---

### 利息と配当金の表示区分

(1) 損益計算書項目かどうかで区分する方法
- ●受取利息、受取配当金、支払利息 ← 損益計算書項目
  - → 営業活動によるキャッシュ・フロー
- ●支払配当金 ← 損益計算書項目以外
  - → 財務活動によるキャッシュ・フロー

(2) 活動によって区分する方法
- ●受取利息、受取配当金 ← 投資活動の成果
  - → 投資活動によるキャッシュ・フロー
- ●支払利息、支払配当金 ← 財務活動上の支出
  - → 財務活動によるキャッシュ・フロー

---

どちらの方法によるかは問題文の指示にしたがってください。

# 営業活動によるキャッシュ・フロー①
# 間接法

営業活動による
キャッシュ・フローに
は2つの表示方法
があるんだって！

？ キャッシュ・フロー計算書の作成方法を、具体例を使ってみていきましょう。まずは営業活動によるキャッシュ・フロー（間接法）からです。

例 次の資料にもとづき、間接法によるキャッシュ・フロー計算書（営業活動によるキャッシュ・フローまで）を完成させなさい。

［資料1］貸借対照表

|  | 前 期 | 当 期 |
|---|---|---|
| 現 金 | 165 | 50 |
| 売 掛 金 | 300 | 400 |
| 貸 倒 引 当 金 | △ 15 | △ 20 |
| 商 品 | 560 | 640 |
| 備 品 | 1,200 | 1,200 |
| 減価償却累計額 | △160 | △320 |
| 資 産 合 計 | 2,050 | 1,950 |
| 買 掛 金 | 340 | 200 |
| 資 本 金 | 1,000 | 1,000 |
| 利 益 準 備 金 | 70 | 120 |
| 繰越利益剰余金 | 640 | 630 |
| 負債・純資産合計 | 2,050 | 1,950 |

［資料2］損益計算書

| | |
|---|---|
| 売 上 高 | 2,400 |
| 売 上 原 価 | 960 |
| 売 上 総 利 益 | 1,440 |
| 貸倒引当金繰入 | 5 |
| 給 料 | 485 |
| 減 価 償 却 費 | 160 |
| その他の費用 | 150 |
| 営 業 利 益 | 640 |
| 受 取 配 当 金 | 260 |
| 税引前当期純利益 | 900 |
| 法 人 税 等 | 360 |
| 当 期 純 利 益 | 540 |

［資料3］その他の事項
1．配当金の受取額は営業活動によるキャッシュ・フローに表示する。
2．商品売買はすべて掛けで行っている。

```
          キャッシュ・フロー計算書    （単位：円）
営業活動によるキャッシュ・フロー
  税 引 前 当 期 純 利 益     （          ）
  減 価 償 却 費          （          ）
  貸倒引当金の増減額(△は減少)   （          ）
  受 取 配 当 金          （          ）
  売上債権の増減額（△は増加）   （          ）
  棚卸資産の増減額（△は増加）   （          ）
  仕入債務の増減額（△は減少）   （          ）
       小       計        （          ）
  配 当 金 の 受 取 額      （          ）
  法 人 税 等 の 支 払 額    （          ）
  営業活動によるキャッシュ・フロー  （          ）
```

## 営業活動によるキャッシュ・フロー（間接法）

> まずは間接法から
> みてみましょう。

　営業活動によるキャッシュ・フローの表示方法には、**間接法**（CASE38）と**直接法**（CASE39）の２つの方法があります。

　間接法では、損益計算書の**税引前当期純利益**をベースにして、**税引前当期純利益**に必要な項目を加減していきます。

```
        キャッシュ・フロー計算書（単位：円）
営業活動によるキャッシュ・フロー
  税 引 前 当 期 純 利 益    （    900 ）
```

> スタートは税引前当期純利益です。
> 当期純利益ではありませんので注意！

### (1) 非資金損益項目の加減

　減価償却費や貸倒引当金繰入は、費用として計上されていますが、現金等を支払ったわけではありません。

（減 価 償 却 費）　160　　（減価償却累計額）　160

（貸倒引当金繰入）　5　　（貸 倒 引 当 金）　5

費用は計上されますが…　　現金等の支払いはありません。

　このような現金等の支出をともなわない項目を**非資金損益項目**といい、非資金損益項目は税引前当期純利益に加減します。

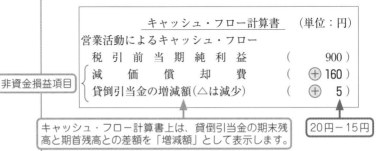

非資金損益項目

| キャッシュ・フロー計算書　（単位：円） | |
| --- | --- |
| 営業活動によるキャッシュ・フロー | |
| 　税 引 前 当 期 純 利 益 | （　　900　） |
| 　減 価 償 却 費 | （　⊕160　） |
| 　貸倒引当金の増減額(△は減少) | （　⊕　5　） |

キャッシュ・フロー計算書上は、貸倒引当金の期末残高と期首残高との差額を「増減額」として表示します。

20円－15円

### (2)　P/L営業外損益、特別損益の加減

　営業活動によるキャッシュ・フローは、損益計算書の営業損益区分に対応する区分です。

　したがって、税引前当期純利益に損益計算書の営業外損益と特別損益の金額を加減します。

　税引前当期純利益からさかのぼって営業利益を計算するイメージなので、税引前当期純利益に営業外費用と特別損失を加算し、営業外収益と特別利益を差し引きます。

| 損 益 計 算 書 | |
| --- | --- |
| Ⅰ　売 上 高 | |
| Ⅱ　売 上 原 価 | |
| 　売 上 総 利 益 | |
| Ⅲ　販売費及び一般管理費 | |
| 　営 業 利 益 | |
| Ⅳ　営 業 外 収 益 | ⊖ |
| Ⅴ　営 業 外 費 用 | ⊕ |
| 　経 常 利 益 | |
| Ⅵ　特 別 利 益 | ⊖ |
| Ⅶ　特 別 損 失 | ⊕ |
| 税引前当期純利益 | |
| 　法 人 税 等 | |
| 　当 期 純 利 益 | |

CASE38の損益計算書には、営業外収益である受取配当金が記載されているので、受取配当金を税引前当期純利益から差し引きます。

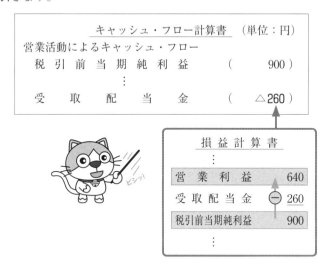

キャッシュ・フロー計算書 （単位：円）
営業活動によるキャッシュ・フロー
税 引 前 当 期 純 利 益 （ 900 ）
⋮
受 取 配 当 金 （ △260 ）

損 益 計 算 書
⋮
営 業 利 益 640
受 取 配 当 金 ⊖ 260
税引前当期純利益 900
⋮

### (3) 売上債権、仕入債務、棚卸資産の増減額の加減

税引前当期純利益に売上債権、仕入債務、棚卸資産の増減額を加減して、税引前当期純利益を営業活動によるキャッシュ・フローに修正します。

#### ① 売上債権の増減

売上債権とは、売掛金や受取手形をいいます。

CASE38では、売掛金の期首残高が300円、期末残高が400円、掛売上高が2,400円なので、売掛金のボックス図を作ると次のようになります。

売 掛 金

| 期首 300円 | 当期回収 2,300円【貸借差額】 ← C/F（キャッシュ・フロー計算書）の金額 |
| P/Lの金額 → 当期売上 2,400円 | 期末 400円 |

損益計算書の税引前当期純利益は、当期発生額である2,400円をベースに計算されているので、これを収入ベースの金額（2,300円）に修正します。収入ベースの金額に修正するためには、税引前当期純利益から100円（2,400円－2,300円）を減額することになりますが、この100円は売上債権の増加分（400円－300円）なので、売上債権の増加はキャッシュ・フローにマイナスの影響を与えるということになります。

したがって、売上債権の増加額は税引前当期純利益から減算し、売上債権の減少額は税引前当期純利益に加算します。

| | 増　減 | 調　整 |
|---|---|---|
| 売上債権 | 増加 ⬆ | 減算 ⊖ |
| | 減少 ⬇ | 加算 ⊕ |

### ②　仕入債務の増減

仕入債務とは、買掛金や支払手形をいいます。

仕入債務は売上債権の逆なので、仕入債務の増加額は税引前当期純利益に加算し、仕入債務の減少額は税引前当期純利益から減算します。

| | 増　減 | 調　整 |
|---|---|---|
| 仕入債務 | 増加 ⬆ | 加算 ⊕ |
| | 減少 ⬇ | 減算 ⊖ |

### ③　棚卸資産の増減

棚卸資産は売上債権と同様に、増加額は税引前当期純利益から減算し、減少額は税引前当期純利益に加算します。

| | 増　減 | 調　整 |
|---|---|---|
| 棚卸資産 | 増加 ⬆ | 減算 ⊖ |
| | 減少 ⬇ | 加算 ⊕ |

### ④　前払費用、未払費用の増減

前払費用や未払費用も売上債権（資産）や仕入債務（負債）

と同様に考えて、増減額を税引前当期純利益に加減します。

　なお、経過勘定は、営業損益計算の対象となった項目（給料や営業費など）のみ調整することに注意しましょう。

前払利息や未払利息など、営業損益計算の対象とならない項目（支払利息）にかかる経過勘定は調整しません。

## キャッシュ・フローに与える影響

| 項　目 | | 増　減 | 調　整 |
|---|---|---|---|
| 営業資産 | 売上債権、棚卸資産、前払費用　など | 増加 ↑ | 減算 ⊖ |
| | | 減少 ↓ | 加算 ⊕ |
| 営業負債 | 仕入債務、未払費用など | 増加 ↑ | 加算 ⊕ |
| | | 減少 ↓ | 減算 ⊖ |

要するに、営業資産が増えたら減算調整し、営業負債が増えたら加算調整するのです。「資産が増えたら、一見うれしいけど、実は悲しい（キャッシュ・フローは減る）」というイメージでおさえておきましょう。

　以上より、CASE38の売上債権等の増減をキャッシュ・フロー計算書に記入すると次のようになります。

キャッシュ・フロー計算書（単位：円）

営業活動によるキャッシュ・フロー

税 引 前 当 期 純 利 益　（　　　　　900）
　　　　　　　⋮
| 売上債権の増減額（△は増加）（　　△100） |
| 棚卸資産の増減額（△は増加）（　　△ 80） |
| 仕入債務の増減額（△は減少）（　　△140） |

| 項　目 | 増　減 | 調　整 |
|---|---|---|
| 売上債権 | 400円－300円＝100円（増加） | 減算 ⊖ |
| 棚卸資産 | 640円－560円＝80円（増加） | 減算 ⊖ |
| 仕入債務 | 200円－340円＝△140円（減少） | 減算 ⊖ |

## (4) 利息・配当金の支払額、受取額の記載

　CASE37で学習したように、利息・配当金の支払額、受取額の表示方法は2つあります。CASE38では、［資料3］1.に「配当金の受取額は営業活動によるキャッシュ・フローに表示する」と指示があるので、配当金の受取額（受取配当金）260円を営業活動によるキャッシュ・フローの区分に記入します。

```
          キャッシュ・フロー計算書 （単位：円）
営業活動によるキャッシュ・フロー
    税 引 前 当 期 純 利 益     （     900 ）
                    ︙
    配 当 金 の 受 取 額       （  ⊕260 ）
```

受取配当金

## (5) 投資活動にも財務活動にも属さない項目の記入

　最後に投資活動、財務活動のいずれの活動にも属さない活動
から生じたキャッシュ・フロー（法人税等の支払額や損害賠償
金の支払額など）を記入します。

　以上より、CASE38のキャッシュ・フロー計算書（営業活動
によるキャッシュ・フローのみ）は次のようになります。

### CASE38　営業活動によるキャッシュ・フロー（間接法）

```
          キャッシュ・フロー計算書     （単位：円）
営業活動によるキャッシュ・フロー
    税 引 前 当 期 純 利 益      （     900 ）
    減  価  償  却  費          （     160 ）
    貸倒引当金の増減額(△は減少)  （       5 ）
    受  取  配  当  金          （  △260 ）
    売上債権の増減額（△は増加）  （  △100 ）
    棚卸資産の増減額（△は増加）  （  △ 80 ）
    仕入債務の増減額（△は減少）  （  △140 ）
        小        計           （     485 ）
    配 当 金 の 受 取 額        （     260 ）
    法 人 税 等 の 支 払 額     （  △360 ）
    営業活動によるキャッシュ・フロー（     385 ）
```

未払法人税等がある場合は、当期に
支払った金額を計算して記入します。

なお、営業活動によるキャッシュ・フロー（間接法）の基本
様式を示すと次のとおりです。

キャッシュ・フロー計算書（単位：円）

営業活動によるキャッシュ・フロー

| | | |
|---|---|---|
| 税引前当期純利益 | | ×× |
| (1) 非資金損益項目 | 減価償却費 | ×× |
| | 貸倒引当金の増減額(△は減少) | ×× |
| (2) P/L営業外損益、特別損益の加減 | 受取利息及び受取配当金 | △×× |
| | 支払利息 | ×× |
| | 為替差損益（△は益） | ×× |
| | 有形固定資産売却損益(△は益) | △×× |
| | 損害賠償損失 | ×× |
| (3) 売上債権、棚卸資産、仕入債務の調整 | 売上債権の増減額（△は増加） | △×× |
| | 棚卸資産の増減額（△は増加） | ×× |
| | 仕入債務の増減額（△は減少） | △×× |
| | 小計 | ×× |
| (4) 利息・配当金の受取額、利息の支払額（営業活動によるCFに表示する場合） | 利息及び配当金の受取額 | ×× |
| | 利息の支払額 | △×× |
| (5) その他の項目 | 損害賠償金の支払額 | △×× |
| | 法人税等の支払額 | △×× |
| | 営業活動によるキャッシュ・フロー | ×× |

★CF…キャッシュ・フロー

### 参考　棚卸減耗費と商品評価損

棚卸減耗費と商品評価損は支出をともなわない費用（非資金損
益項目）ですが、減価償却費等と異なり、税引前当期純利益に加
算しません。

これは、棚卸減耗費と商品評価損は、期末商品（棚卸資産）の
金額に反映されているので、**棚卸資産の増減**で調整されるからで
す。

> 結論だけ覚えておきましょう。

# 為替差損益の取扱い

外貨建取引を行っている場合、為替差損益が生じますが、この為替差損益は発生源泉によって取扱いが異なります。

## (1) 売上債権、仕入債務から生じた為替差損益

為替差損益は営業外損益の項目なので、間接法による場合、税引前当期純利益に加減すべきものですが、売上債権（売掛金、受取手形）や仕入債務（買掛金、支払手形）の換算や決済によって生じた為替差損益は、売上債権または仕入債務の増減調整によってキャッシュ・フローに反映されます。

したがって、売上債権または仕入債務から生じた為替差損益については、**税引前当期純利益に加減しません。**

## (2) 投資活動、財務活動から生じた為替差損益

貸付金や借入金の換算や決済など、投資活動や財務活動から生じた為替差損益については、**税引前当期純利益に加減します。**

## (3) 現金及び現金同等物の換算から生じた為替差損益

現金及び現金同等物の換算から生じた為替差損益については、税引前当期純利益に加減するとともに、**「現金及び現金同等物に係る換算差額」**としてキャッシュ・フロー計算書の末尾に表示します。

---

**例** 次の資料にもとづき、間接法によるキャッシュ・フロー計算書を作成しなさい。

［資　料］
1. 損益計算書の為替差損5,000円の内訳は次のとおりである。
　　①売掛金の決済・換算にかかるもの　2,000円（為替差益）
　　②借入金の決済・換算にかかるもの　6,000円（為替差損）
　　③現金の換算にかかるもの　　　　　1,000円（為替差損）
2. 売掛金の前期末残高は8,000円、当期末残高は7,500円である。

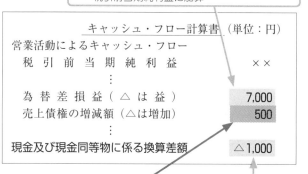

売上債権、仕入債務から生じた為替差損益（売掛金の決済・換算にかかる為替差損益）は除きます。
△6,000円＋△1,000円＝△7,000円（為替差損）
→ 税引前当期純利益に加算

キャッシュ・フロー計算書（単位：円）

営業活動によるキャッシュ・フロー
　税　引　前　当　期　純　利　益　　　　　××
　　　　　　　　　　⋮
　為　替　差　損　益（△は益）　　　　7,000
　売上債権の増減額（△は増加）　　　　　500
　　　　　　　　　　⋮
現金及び現金同等物に係る換算差額　　△1,000

7,500円－8,000円＝△500円（減少）
→ 税引前当期純利益に加算

現金の換算にかかる為替差損
→ キャッシュ・フローの減少

# CASE 39

## 営業活動によるキャッシュ・フロー② 直接法

こんどは直接法！

次は、直接法による場合の営業活動によるキャッシュ・フローの記入の仕方をみてみましょう。

---

**例** 次の資料にもとづき、直接法によるキャッシュ・フロー計算書（営業活動によるキャッシュ・フローまで）を完成させなさい。

［資料1］貸借対照表

|  | 前 期 | 当 期 |
|---|---|---|
| 現 金 | 165 | 50 |
| 売 掛 金 | 300 | 400 |
| 貸 倒 引 当 金 | △ 15 | △ 20 |
| 商 品 | 560 | 640 |
| 備 品 | 1,200 | 1,200 |
| 減価償却累計額 | △160 | △320 |
| 資 産 合 計 | 2,050 | 1,950 |
| 買 掛 金 | 340 | 200 |
| 資 本 金 | 1,000 | 1,000 |
| 利 益 準 備 金 | 70 | 120 |
| 繰越利益剰余金 | 640 | 630 |
| 負債・純資産合計 | 2,050 | 1,950 |

［資料2］損益計算書

| | |
|---|---|
| 売 上 高 | 2,400 |
| 売 上 原 価 | 960 |
| 売 上 総 利 益 | 1,440 |
| 貸倒引当金繰入 | 5 |
| 給 料 | 485 |
| 減 価 償 却 費 | 160 |
| そ の 他 の 費 用 | 150 |
| 営 業 利 益 | 640 |
| 受 取 配 当 金 | 260 |
| 税引前当期純利益 | 900 |
| 法 人 税 等 | 360 |
| 当 期 純 利 益 | 540 |

［資料3］その他の事項

1. 配当金の受取額は営業活動によるキャッシュ・フローに表示する。
2. 商品売買はすべて掛けで行っている。

```
         キャッシュ・フロー計算書   （単位：円）
営業活動によるキャッシュ・フロー
    営    業    収    入   （        ）
    商 品 の 仕 入 れ に よ る 支 出   （        ）
    人  件  費  の  支  出   （        ）
    そ の 他 の 営 業 支 出   （        ）
        小        計   （        ）
    配  当  金  の  受  取  額   （        ）
    法  人  税  等  の  支  払  額   （        ）
    営業活動によるキャッシュ・フロー   （        ）
```

## ● 営業活動によるキャッシュ・フロー（直接法）

間接法では、損益計算書の**税引前当期純利益**をベースにして作成しましたが、直接法では、**営業収入**と**営業支出**を直接計上します。

### (1) 営業収入

**営業収入**には、現金売上高や前受金の受取額、**売掛金や受取手形の回収額**など、商品の売上取引から生じる収入額を計上します。

CASE39は、[資料3] 2. に「商品売買はすべて掛けで行っている」とあるので、売掛金の増減から営業収入を求めます。

> 売掛金ボックスを作って、売掛金の当期回収額（収入額）を計算します。

**売　掛　金**

| 期首 300円 | 当期回収 2,300円 【貸借差額】 ← 営業収入 |
|---|---|
| P/Lの金額 → 当期売上 2,400円 | 期末 400円 |

| キャッシュ・フロー計算書 （単位：円） | |
|---|---|
| 営業活動によるキャッシュ・フロー | |
| 営　業　収　入 | （　2,300　） |

## (2)　商品の仕入れによる支出

　**商品の仕入れによる支出**には、現金仕入高や前払金の支払額、**買掛金や支払手形の支払額**など、商品の仕入取引から生じる支出額を計上します。

　商品の仕入れによる支出は、通常、商品と仕入債務（買掛金、支払手形）の増減から計算します。そこで、CASE39について、買掛金と商品のボックス図を作って商品の仕入れによる支出を求めると次のようになります。

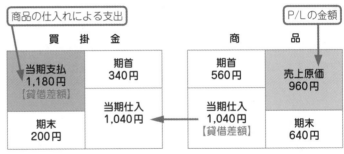

| キャッシュ・フロー計算書 （単位：円） | |
|---|---|
| 営業活動によるキャッシュ・フロー | |
| ⋮ | |
| 商 品 の 仕 入 れ に よ る 支 出 | （　△1,180　） |

## (3)　人件費の支出

　人件費の支出には、従業員や役員の給料、報酬、賞与などのうち、当期の実際支払額を記載します。

　CASE39では人件費（給料）の未払額や前払額がないので、発生額（損益計算書の金額）が支出額となりますが、もし期末に未払人件費（当期の費用にもかかわらず、まだ支払われていない人件費）があった場合は未払人件費の金額を控除します。

> 期首に未払人件費があった場合は当期に支払いがあるため、人件費の支出に含めます。

また、期末に前払人件費（次期の費用にもかかわらず、すでに支払いがされている人件費）があった場合は、前払人件費の金額を含めます。

したがって、CASE39の人件費の支出は次のようになります。

期首に前払人件費があった場合は前期に支払いがされている（当期の支払いではない）ため、人件費の支出に含めません。

#### (4) その他の営業支出

その他の営業支出には、商品の仕入れによる支出、人件費の支出以外の営業活動による支出を合計して記入します。

なお、減価償却費や貸倒引当金繰入は支出をともなわない費用なので、計算に含めません。

したがって、CASE39のその他の営業支出には「その他の費用150円」を記入します。

CASE39は前払費用や未払費用がないので、P/Lの金額をそのまま記入します。

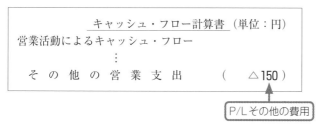

#### (5) 利息・配当金の支払額、受取額の記載

CASE39では、［資料3］1.に「配当金の受取額は営業活動によるキャッシュ・フローに表示する」と指示があるので、配当金の受取額（受取配当金）260円を営業活動によるキャッシュ・フローの区分に記入します。

これは間接法の場合と同じです。

```
          キャッシュ・フロー計算書（単位：円）
営業活動によるキャッシュ・フロー
                    ⋮
    配 当 金 の 受 取 額    （    260）
```

**(6) 投資活動にも財務活動にも属さない項目の記入**

これは間接法の場合と同じです。

CASE38（間接法）の場合と同様に、投資活動、財務活動のいずれの活動にも属さない活動から生じたキャッシュ・フロー（法人税等の支払額や損害賠償金の支払額など）を記入します。

　以上より、CASE39のキャッシュ・フロー計算書（営業活動によるキャッシュ・フローのみ）は次のようになります。

## CASE39　営業活動によるキャッシュ・フロー（直接法）

```
          キャッシュ・フロー計算書   （単位：円）
営業活動によるキャッシュ・フロー
    営  業  収  入      （    2,300）
    商 品 の 仕 入 れ に よ る 支 出  （  △1,180）
    人  件  費  の  支  出      （  △ 485）
    そ の 他 の 営 業 支 出      （  △ 150）
        小      計      （    485）
    配 当 金 の 受 取 額      （    260）
    法 人 税 等 の 支 払 額      （  △ 360）
    営業活動によるキャッシュ・フロー  （    385）
```

間接法と同じ

間接法の場合と一致します。

　なお、営業活動によるキャッシュ・フロー（直接法）の基本様式を示すと次のとおりです。

| | | | |
|---|---|---|---|
| (1) 現金売上高や売上債権の回収額など | | | |
| (2) 現金仕入高や仕入債務の支払額など | | | |
| (3) 給料、賞与等の支払額 | | | |
| (4) その他の営業支出 | | | |
| (5) 利息・配当金の受取額、利息の支払額（営業活動によるCFに表示する場合） | | | |
| (6) その他の項目 | | | |

<u>キャッシュ・フロー計算書</u>（単位：円）

営業活動によるキャッシュ・フロー

| | |
|---|---|
| 営　業　収　入 | ×× |
| 商品の仕入れによる支出 | △×× |
| 人　件　費　の　支　出 | △×× |
| そ の 他 の 営 業 支 出 | △×× |
| 小　　　　計 | ×× |
| 利 息 及 び 配 当 金 の 受 取 額 | ×× |
| 利　息　の　支　払　額 | |
| 損 害 賠 償 金 の 支 払 額 | |
| 法 人 税 等 の 支 払 額 | △×× |
| 営業活動によるキャッシュ・フロー | ×× |

小計より下は直接法も周接法も同じです。

# 投資活動によるキャッシュ・フロー

投資活動による
キャッシュ・
フローは…？

つづいて、投資活動によるキャッシュ・フローの記入の仕方をみてみましょう。なお、投資活動によるキャッシュ・フローの表示方法には、直接法と間接法の区別はありません。

---

**例** 次の資料にもとづき、キャッシュ・フロー計算書（投資活動によるキャッシュ・フローのみ）を完成させなさい。

［資料１］貸借対照表（一部）

|  | 前　期 | 当　期 |
|---|---|---|
| ⋮ | ⋮ | ⋮ |
| 有　価　証　券 | 1,200 | 2,600 |
| 貸　付　金 | 300 | 400 |
| 建　　　物 | 3,800 | 2,400 |
| 減価償却累計額 | △480 | △400 |
| 資　産　合　計 | ×× | ×× |

［資料２］当期中の取引

1. 有価証券（帳簿価額1,000円）を1,100円で売却し、現金を受け取った（当期末において所有する有価証券の帳簿価額と時価との差額はなかった）。
2. 貸付金の当期回収額は200円である。
3. 建物（取得原価1,400円、減価償却累計額160円）を1,200円で売却し、現金を受け取った。

---

　　　　キャッシュ・フロー計算書　　（単位：円）
投資活動によるキャッシュ・フロー
　　有価証券の取得による支出　　　（　　　　　）
　　有価証券の売却による収入　　　（　　　　　）
　　有形固定資産の売却による収入　（　　　　　）
　　貸　付　け　に　よ　る　支　出　（　　　　　）
　　貸付金の回収による収入　　　　（　　　　　）
　　投資活動によるキャッシュ・フロー（　　　　　）

## 投資活動によるキャッシュ・フロー

投資活動によるキャッシュ・フローの区分には、有価証券や建物の購入や売却、資金の貸付けなど、投資活動から生じるキャッシュ・フローを記載します。

なお、営業活動によるキャッシュ・フローの表示方法は直接法と間接法がありましたが、投資活動によるキャッシュ・フローおよび財務活動によるキャッシュ・フローの表示方法には、直接法と間接法の区別はありません。

> 収入額・支出額を直接計上します。

### (1) 有価証券の取得による支出

CASE40の［資料１］有価証券の増減から、有価証券の当期取得額（支出額）を計算すると、次のとおりです。

**有 価 証 券**

| 期首 1,200円 | 当期売却 1,000円 |
|---|---|
| 当期取得 2,400円【貸借差額】（当期支出額） | 期末 2,600円 |

> ［資料２］１.より。なお、この金額は帳簿価額なので（収入額ではないので）、キャッシュ・フロー計算書には記載しません。

```
        キャッシュ・フロー計算書（単位：円）
投資活動によるキャッシュ・フロー
    有価証券の取得による支出    （ △2,400 ）
```

### (2) 有価証券の売却による収入

CASE40の［資料２］１.より、有価証券の売却収入は1,100円となります。

```
        キャッシュ・フロー計算書（単位：円）
投資活動によるキャッシュ・フロー
            ⋮
    有価証券の売却による収入    （  1,100 ）
```

**(3) 有形固定資産の売却による収入**

　CASE40 の ［資料 2］ 3. より、有形固定資産の売却収入は 1,200 円となります。

> キャッシュ・フロー計算書 （単位：円）
> 投資活動によるキャッシュ・フロー
> 　　　　　　　　　⋮
> 　有形固定資産の売却による収入　　（　　1,200　）

　なお、有形固定資産の取得があった場合には、「有形固定資産の取得による支出」を記入します。

　CASE40 では、建物の期首残高（3,800 円）から売却した建物の取得原価（1,400 円）を差し引いた金額（2,400 円）が建物の期末残高（2,400 円）に一致するので、当期の有形固定資産の取得はなかったことがわかります。

建　　　物

|  | 当期売却<br>1,400 円 |
|---|---|
| 期首<br>3,800 円 | 期末<br>2,400 円 |

**(4) 貸付けによる支出と貸付金の回収による収入**

　CASE40 の ［資料 1］ 貸付金の増減と ［資料 2］ 2. から、貸付けによる支出額と貸付金の回収額を計算すると、次のとおりです。

```
          キャッシュ・フロー計算書 （単位：円）
投資活動によるキャッシュ・フロー
                 ⋮
  貸 付 け に よ る 支 出    （   △300 ）
  貸付金の回収による収入     （   200 ）
```

以上より、CASE40のキャッシュ・フロー計算書（投資活動
によるキャッシュ・フローのみ）は次のようになります。

### CASE40　投資活動によるキャッシュ・フロー

```
          キャッシュ・フロー計算書   （単位：円）
投資活動によるキャッシュ・フロー
  有価証券の取得による支出    （   △2,400 ）
  有価証券の売却による収入    （    1,100 ）
  有形固定資産の売却による収入  （    1,200 ）
  貸 付 け に よ る 支 出    （  △  300 ）
  貸付金の回収による収入     （     200 ）
  投資活動によるキャッシュ・フロー（  △  200 ）
```

なお、投資活動によるキャッシュ・フローの基本様式を示す
と次のとおりです。

```
          キャッシュ・フロー計算書 （単位：円）
投資活動によるキャッシュ・フロー
  有価証券の取得による支出      △××
  有価証券の売却による収入       ××
  有形固定資産の取得による支出    △××
  有形固定資産の売却による収入     ××
  投資有価証券の取得による支出    △××
  投資有価証券の売却による収入     ××
  貸 付 け に よ る 支 出      △××
  貸付金の回収による収入        ××
  投資活動によるキャッシュ・フロー   ××
```

# 財務活動によるキャッシュ・フロー

最後は財務活動による
キャッシュ・フロー！

最後に、財務活動によるキャッシュ・フロー
の記入の仕方をみてみましょう。

---

**例** 次の資料にもとづき、キャッシュ・フロー計算書（財務活動によるキャッシュ・フローのみ）を完成させなさい。

［資料1］貸借対照表（一部）

|  | 前 期 | 当 期 |
|---|---|---|
| ： | ： | ： |
| 短 期 借 入 金 | 2,800 | 2,500 |
| 資 本 金 | 1,000 | 1,500 |
| ： | ： | ： |
| 負債・純資産合計 | ×× | ×× |

［資料2］当期中の取引
1. 短期借入金の当期返済額は1,000円である。
2. 当期に増資をし、500円が当座預金口座に払い込まれた。
3. 株主に配当金100円を現金で支払った。

---

キャッシュ・フロー計算書　　（単位：円）

| 財務活動によるキャッシュ・フロー | |
|---|---|
| 　短 期 借 入 れ に よ る 収 入 | （　　　　　） |
| 　短 期 借 入 金 の 返 済 に よ る 支 出 | （　　　　　） |
| 　株 式 の 発 行 に よ る 収 入 | （　　　　　） |
| 　配 当 金 の 支 払 額 | （　　　　　） |
| 　財務活動によるキャッシュ・フロー | （　　　　　） |

---

## 財務活動によるキャッシュ・フロー

　財務活動によるキャッシュ・フローの区分には、資金の借入れや返済、社債の発行・償還、株式の発行など、財務活動にかかるキャッシュ・フローを記載します。

## (1) 短期借入れによる収入、短期借入金の返済による支出

CASE41の［資料1］短期借入金の増減と［資料2］1.から、短期借入れによる収入額と短期借入金の返済による支出額を計算すると、次のとおりです。

短 期 借 入 金

| | |
|---|---|
| 当期返済 1,000円 | 期首 2,800円 |
| 期末 2,500円 | 当期借入 700円 [貸借差額] |

当期支出額 ［資料2］1.より

当期収入額

| キャッシュ・フロー計算書 （単位：円） |
|---|
| 財務活動によるキャッシュ・フロー |
| 短 期 借 入 れ に よ る 収 入　（　700 ） |
| 短期借入金の返済による支出　（△1,000 ） |

## (2) 株式の発行による収入

CASE41の［資料2］2.より、株式の発行による収入は500円です。

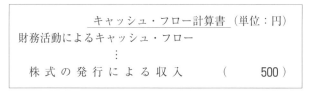

| キャッシュ・フロー計算書 （単位：円） |
|---|
| 財務活動によるキャッシュ・フロー |
| ⋮ |
| 株 式 の 発 行 に よ る 収 入　（　500 ） |

## (3) 配当金の支払額

［資料2］3.より、配当金の支払額は100円です。

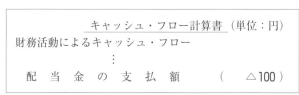

| キャッシュ・フロー計算書 （単位：円） |
|---|
| 財務活動によるキャッシュ・フロー |
| ⋮ |
| 配 当 金 の 支 払 額　（　△100 ） |

以上より、CASE41のキャッシュ・フロー計算書（財務活動によるキャッシュ・フローのみ）は次のようになります。

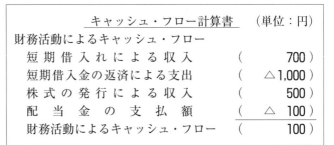

**CASE41　財務活動によるキャッシュ・フロー**

| キャッシュ・フロー計算書 | （単位：円） |
|---|---|
| 財務活動によるキャッシュ・フロー | |
| 　短期借入れによる収入 | （　　　700） |
| 　短期借入金の返済による支出 | （　△1,000） |
| 　株式の発行による収入 | （　　　500） |
| 　配当金の支払額 | （　△　100） |
| 　財務活動によるキャッシュ・フロー | （　　　100） |

なお、財務活動によるキャッシュ・フローの基本様式を示すと次のとおりです。

| キャッシュ・フロー計算書 | （単位：円） |
|---|---|
| 財務活動によるキャッシュ・フロー | |
| 　短期借入れによる収入 | ×× |
| 　短期借入金の返済による支出 | △×× |
| 　長期借入れによる収入 | ×× |
| 　長期借入金の返済による支出 | △×× |
| 　社債の発行による収入 | ×× |
| 　社債の償還による支出 | △×× |
| 　株式の発行による収入 | ×× |
| 　自己株式の取得による支出 | △×× |
| 　配当金の支払額 | △×× |
| 　財務活動によるキャッシュ・フロー | ×× |

問題編
問題30〜32

## 資金（キャッシュ）の範囲

| 資金<br>（キャッシュ） | 現　　金 | 手許現金 | |
| --- | --- | --- | --- |
| | | 要求払預金 | 普通預金<br>当座預金<br>通知預金 |
| | 現金同等物* | 定期預金<br>譲渡性預金<br>コマーシャル・ペーパー<br>公社債投資信託　など | |

＊容易に換金可能かつ価値の変動リスクが僅少な短期投資（3か月以内）

## 利息と配当金の表示区分

(1)　損益計算書項目かどうかで区分する方法

● 受取利息、受取配当金、支払利息 ← 損益計算書項目
　　→ 営業活動によるキャッシュ・フロー

● 支払配当金 ← 損益計算書項目以外
　　→ 財務活動によるキャッシュ・フロー

(2)　活動によって区分する方法

● 受取利息、受取配当金 ← 投資活動の成果
　　→ 投資活動によるキャッシュ・フロー

● 支払利息、支払配当金 ← 財務活動上の支出
　　→ 財務活動によるキャッシュ・フロー

# キャッシュ・フロー計算書の様式（間接法）

## キャッシュ・フロー計算書
### 自×1年4月1日 至×2年3月31日

**営業活動によるキャッシュ・フロー**

| | |
|---|---|
| 税 引 前 当 期 純 利 益 | ×× |
| 減 価 償 却 費 | ×× |
| 貸倒引当金の増減額（△は減少） | ×× |
| 受 取 利 息 及 び 受 取 配 当 金 | △×× |
| 支 払 利 息 | ×× |
| 為 替 差 損 益 （ △ は 益 ） | ×× |
| 有形固定資産売却損益（△は益） | △×× |
| 損 害 賠 償 損 失 | ×× |
| 売上債権の増減額（△は増加） | △×× |
| 棚卸資産の増減額（△は増加） | ×× |
| 仕入債務の増減額（△は減少） | △×× |
| 小 計 | ×× |
| 利 息 及 び 配 当 金 の 受 取 額 | ×× |
| 利 息 の 支 払 額 | △×× |
| 損 害 賠 償 金 の 支 払 額 | △×× |
| 法 人 税 等 の 支 払 額 | △×× |
| 営業活動によるキャッシュ・フロー | ×× |

**投資活動によるキャッシュ・フロー**

| | |
|---|---|
| 直接法と同じ(次ページ参照) | |
| 投資活動によるキャッシュ・フロー | ×× |

**財務活動によるキャッシュ・フロー**

| | |
|---|---|
| 直接法と同じ(次ページ参照) | |
| 財務活動によるキャッシュ・フロー | ×× |

| | |
|---|---|
| **現金及び現金同等物に係る換算差額** | ×× |
| **現金及び現金同等物の増減額（△は減少）** | ×× |
| **現金及び現金同等物の期首残高** | ×× |
| **現金及び現金同等物の期末残高** | ×× |

| 項　目 | | 増　減 | 調　整 |
|---|---|---|---|
| **営業資産** | 売上債権、棚卸資産、前払費用　など | 増加 ⬆ | 減算 ⊖ |
| | | 減少 ⬇ | 加算 ⊕ |
| **営業負債** | 仕入債務、未払費用　など | 増加 ⬆ | 加算 ⊕ |
| | | 減少 ⬇ | 減算 ⊖ |

CASE39〜41

## キャッシュ・フロー計算書の様式（直接法）

<u>キャッシュ・フロー計算書</u>
自×1年4月1日 至×2年3月31日

**営業活動によるキャッシュ・フロー**

| | |
|---|---|
| 営　業　収　入 | ×× |
| 原材料又は商品の仕入れによる支出 | △×× |
| 人　件　費　の　支　出 | △×× |
| そ　の　他　の　営　業　支　出 | △×× |
| 　　　小　　　計 | ×× |
| 利息及び配当金の受取額 | ×× |
| 利　息　の　支　払　額 | △×× |
| 損　害　賠　償　金　の　支　払　額 | △×× |
| 法　人　税　等　の　支　払　額 | △×× |
| 営業活動によるキャッシュ・フロー | ×× |

**投資活動によるキャッシュ・フロー**

| | |
|---|---|
| 有　価　証　券　の　取　得　による支出 | △×× |
| 有　価　証　券　の　売　却　による収入 | ×× |
| 有形固定資産の取得による支出 | △×× |
| 有形固定資産の売却による収入 | ×× |
| 投資有価証券の取得による支出 | △×× |
| 投資有価証券の売却による収入 | ×× |
| 貸　付　け　に　よ　る　支　出 | △×× |
| 貸　付　金　の　回　収　による収入 | ×× |
| 投資活動によるキャッシュ・フロー | ×× |

**財務活動によるキャッシュ・フロー**

| | |
|---|---|
| 短　期　借　入　れ　による収入 | ×× |
| 短期借入金の返済による支出 | △×× |
| 長　期　借　入　れ　による収入 | ×× |
| 長期借入金の返済による支出 | △×× |
| 社　債　の　発　行　による収入 | ×× |
| 社　債　の　償　還　による支出 | △×× |
| 株　式　の　発　行　による収入 | ×× |
| 自己株式の取得による支出 | △×× |
| 配　当　金　の　支　払　額 | △×× |
| 財務活動によるキャッシュ・フロー | ×× |

| | |
|---|---|
| **現金及び現金同等物に係る換算差額** | ×× |
| **現金及び現金同等物の増減額（△は減少）** | ×× |
| **現金及び現金同等物の期首残高** | ×× |
| **現金及び現金同等物の期末残高** | ×× |

# 問題編

マークの意味

基本 応用 …基本的な問題

基本 応用 …応用的な問題

解答用紙あり …解答用紙がある問題

別冊の解答用紙をご利用ください。
※仕訳問題の解答用紙が必要な方は、
　仕訳シート（別冊の最終ページ）を
　ご利用ください。

# 第1章　デリバティブ取引

**問題 1　先物取引**　　　　　　　　　　　解答…P.28

次の一連の取引の仕訳をしなさい。

(1)　×1年3月1日　国債先物60,000円（600口）を1口92円で買い建てる契約を結び、委託証拠金として現金1,800円を証券会社に差し入れた。

(2)　×1年3月31日（決算日）における国債先物の時価は1口94円であった。

(3)　×1年4月1日　期首につき、値洗差金を振り戻す。

(4)　×1年5月31日　反対売買による差金決済を現金で行った。なお、国債先物の時価は1口93円であった。


**問題 2　先物取引**　　　　　　　　　　　解答…P.28 基本 応用

次の一連の取引の仕訳をしなさい。

(1)　×1年3月1日　国債先物50,000円（500口）を1口95円で売り建てる契約を結び、委託証拠金として現金1,500円を証券会社に差し入れた。

(2)　×1年3月31日（決算日）における国債先物の時価は1口94円であった。

(3)　×1年4月1日　期首につき、値洗差金を振り戻す。

(4)　×1年5月31日　反対売買による差金決済を現金で行った。なお、国債先物の時価は1口93円であった。


**問題 3　金利スワップ取引**　　　　　　　解答…P.29 基本 応用

次の一連の取引の仕訳をしなさい。

(1)　×1年10月1日に当社は、A銀行から変動金利の契約で200,000円（借入期間3年）を借り入れ、当座預金口座に預け入れた。そして、金利変動リスクを回避するため、借入れと同時に変動金利と固定金利のスワップ契約をB銀行と締結した。契約期間は3年、固定金利は4％、利払日は3月末日と9月末日の年2回である（想定元本は200,000円）。

(2)　×2年3月31日　利払日につき、借入金および金利スワップ契約の利息の受取り、支払いが現金で行われた。なお、変動金利は年5％である。

(3)　×2年3月31日（決算日）における金利スワップの時価は4,645円であった。

3

当社は国債（その他有価証券）を購入した。また、国債の価格変動リスクをヘッジするため、国債先物取引を用いてヘッジ取引を行い、委託証拠金300円を支払った（ヘッジ会計の適用要件を満たしている）。

次の資料にもとづき、繰延ヘッジを適用した場合の(A)国債の購入時（先物取引の契約時）、(B)決算時、(C)翌期首、(D)国債の売却時（先物取引の決済時）における仕訳をしなさい。なお、その他有価証券は全部純資産直入法を採用しているものとし、決済は当座預金口座を通じて行う。

［資 料］国債および国債先物の時価

|  | 保有国債の時価 | 国債先物の時価 |
|---|---|---|
| 購 入 時 | 199,600円（購入価額） | 192,000円（売建て） |
| 決 算 時 | 198,200円 | 190,800円 |
| 売 却 時 | 196,500円（売却価額） | 189,000円（買戻し） |

# 第2章　外貨換算会計

次の一連の取引の仕訳をしなさい。
(1) ×1年6月15日に米国のA社から商品200ドルを輸入する契約を締結し、前払金10ドルを現金で支払った（為替相場：1ドル110円）。
(2) ×1年6月30日に上記の商品200ドルを輸入し、前払金10ドルを差し引いた残額を掛けとした（為替相場：1ドル108円）。
(3) ×1年7月31日に上記の買掛金190ドルを当座預金口座から支払った（為替相場：1ドル107円）。

## 問題 6 外貨建取引の換算

解答…P.30 基本 応用

次の一連の取引の仕訳をしなさい。

(1) ×1年7月20日に米国のB社に商品300ドルを輸出する契約を締結し、手付金30ドルが当座預金口座に振り込まれた（為替相場：1ドル105円）。

(2) ×1年7月31日に上記の商品300ドルを輸出し、前受金30ドルを差し引いた残額を掛けとした（為替相場：1ドル106円）。

(3) ×1年8月31日に上記の売掛金270ドルが当座預金口座に振り込まれた（為替相場：1ドル108円）。

## 問題 7 外貨建項目の換算 解答用紙あり

解答…P.31 基本 応用

次の資料にもとづき、決算整理後残高試算表（一部）を作成しなさい。なお、当期は×1年4月1日から×2年3月31日までである。また、決算時の為替相場は1ドルあたり110円である。

［資料1］決算整理前残高試算表（一部）

### 決算整理前残高試算表
### ×2年3月31日　　　（単位：円）

| 現　　　　金 | 20,000 | 買　　掛　　金 | 62,400 |
|---|---|---|---|
| 売　　掛　　金 | 64,000 | 前　　受　　金 | 5,600 |
| 前　　払　　金 | 4,640 | 長　期　借　入　金 | 11,200 |
| 支　払　利　息 | 315 | | |

［資料2］決算整理事項

決算整理前残高試算表の資産および負債のうち、外貨建てのものは次のとおりである。

| 勘定科目 | 帳簿価額 | 備　考 |
|---|---|---|
| 現　　　金 | 8,100円（ 75ドル） | |
| 売　掛　金 | 23,100円（220ドル） | |
| 前　払　金 | 3,270円（ 30ドル） | |
| 買　掛　金 | 16,050円（150ドル） | |
| 前　受　金 | 2,220円（ 20ドル） | |
| 長期借入金 | 11,200円（100ドル） | ＊ |

＊ 長期借入金はすべて外貨建てのものであり、借入期間は×1年9月1日から3年、利率は年6％、利払日は毎年2月末日および8月末日である。なお、当期の利払日の処理は適正に行っている。

## 問題 8　売買目的有価証券の換算　解答用紙あり　解答…P.32　基本　応用

次の資料にもとづき、損益計算書（一部）と貸借対照表（一部）を作成しなさい。なお、当期は×1年4月1日から×2年3月31日までである。また、決算時の為替相場は1ドルあたり110円である。

［資料1］決算整理前残高試算表（一部）

決算整理前残高試算表

×2年3月31日　　（単位：円）

| | | | |
|---|---|---|---|
| 売買目的有価証券 | 10,480 | | |

［資料2］決算整理事項

売買目的有価証券の内訳は次のとおりである（すべて当期に取得したものである）。

| 銘　柄 | 取得原価 | 取得時の為替相場 | 期末時価 |
|---|---|---|---|
| A社株式 | 40ドル | 1ドルあたり112円 | 35ドル |
| B社株式 | 60ドル | 1ドルあたり100円 | 62ドル |

## 問題 9 満期保有目的債券の換算 解答用紙あり 解答…P.33 基本 応用

次の資料にもとづき、損益計算書（一部）と貸借対照表（一部）を作成しなさい。なお、当期は×1年4月1日から×2年3月31日までである。また、決算時の為替相場は1ドルあたり110円、期中平均相場は1ドルあたり111円である。

［資料1］決算整理前残高試算表（一部）

決算整理前残高試算表
×2年3月31日 （単位：円）

| | | | |
|---|---|---|---|
| 満期保有目的債券 | 20,750 | 有価証券利息 | 432 |

［資料2］決算整理事項

満期保有目的債券の内訳は次のとおりであり、すべて×1年4月1日に取得したものである（当期の利払日の処理は適正に行っている）。D社社債（満期日×6年3月31日）の額面金額と取得原価との差額は金利調整差額のため、償却原価法（定額法）を適用する。

| 銘柄 | 額面金額 | 取得原価 | 取得時の為替相場 |
|---|---|---|---|
| C社社債 | 100ドル | 100ドル | 1ドルあたり113円 |
| D社社債 | 100ドル | 90ドル | 1ドルあたり105円 |

## 問題 10　その他有価証券の換算 解答用紙あり　解答…P.34　基本 応用

次の資料にもとづき、貸借対照表（一部）を作成しなさい。なお、当期は×１年４月１日から×２年３月31日までである。また、決算時の為替相場は１ドルあたり110円である。

［資料１］決算整理前残高試算表（一部）

決算整理前残高試算表
×２年３月31日　　（単位：円）

| | | |
|---|---|---|
| その他有価証券 | 11,710 | |

［資料２］決算整理事項

その他有価証券の内訳は次のとおりであり、全部純資産直入法を採用する。

| 銘　柄 | 取得原価 | 取得時の為替相場 | 期末時価 |
|---|---|---|---|
| Ｅ社株式 | 50ドル | １ドルあたり113円 | 48ドル |
| Ｆ社株式 | 60ドル | １ドルあたり101円 | 64ドル |

次の資料にもとづき、損益計算書（一部）と貸借対照表（一部）を作成しなさい。なお、当期は×1年4月1日から×2年3月31日までである。また、決算時の為替相場は1ドルあたり110円、期中平均為替相場は1ドルあたり111円である。

[資料1] 決算整理前残高試算表（一部）

決算整理前残高試算表
×2年3月31日　　　（単位：円）

| 子 会 社 株 式 | 8,560 | |
| 関 連 会 社 株 式 | 4,200 | |

[資料2] 決算整理事項

子会社株式と関連会社株式の内訳は次のとおりである。

| 銘 柄 | 取得原価 | 取得時の為替相場 | 期末時価 | 備 考 |
|---|---|---|---|---|
| G社株式 | 30ドル | 1ドルあたり112円 | 28ドル | ＊1 |
| H社株式 | 50ドル | 1ドルあたり104円 | 24ドル | ＊2 |
| I社株式 | 40ドル | 1ドルあたり105円 | － (市場価格なし) | ＊3 |

＊1　子会社株式である。

＊2　子会社株式である。時価の下落は著しいものであり、回復の見込みは不明である。

＊3　関連会社株式である。I社の財政状態は著しく悪化したため、実価法を適用する。なお、I社株式の取得割合は20%であり、I社の期末貸借対照表における諸資産は600ドル、諸負債は520ドルである。

　次の一連の取引について、振当処理による仕訳をしなさい。なお、決算日は3月31日である（会計期間は1年）。

(1)　×1年2月1日　商品200ドル（代金の決済日は×2年5月31日）を輸入し、買掛金に対して1ドル110円で為替予約を付した（直物為替相場：1ドル106円）。

(2)　×2年3月31日　決算日を迎えた（直物為替相場：1ドル108円）。

(3)　×2年5月31日　上記の買掛金を当座預金口座を通じて支払った（直物為替相場：1ドル111円）。

　次の各取引について、振当処理による仕訳をしなさい。なお、決算日は3月31日である（会計期間は1年）。また、入出金は現金預金勘定を用いて処理すること。

問1

(1)　×1年11月1日　米国のA社から600ドル（決済日は×2年10月31日）を借り入れた。なお、借入時に為替予約（先物為替相場：1ドル113円）を付している（直物為替相場：1ドル115円）。

(2)　×2年3月31日　決算日を迎えた（直物為替相場：1ドル120円）。直先差額の期間配分は月割計算によること。

(3)　×2年10月31日　上記の借入金を返済した（直物為替相場：1ドル121円）。

問2

(1)　×1年12月1日　米国のB社に300ドル（年利率3％、利払日は11月末日、決済日は×2年11月30日）を貸し付けた。なお、貸付時に貸付金の元本に対して為替予約（先物為替相場：1ドル112円）を付している（直物為替相場：1ドル114円）。

(2)　×2年3月31日　決算日を迎えた（直物為替相場：1ドル113円）。直先差額の期間配分は月割計算によること。

(3)　×2年11月30日　上記の貸付金を利息とともに回収した（直物為替相場：1ドル110円）。

次の一連の取引について、振当処理による仕訳をしなさい。なお、決算日は3月31日である（会計期間は1年）。また、入出金は現金預金勘定を用いて処理すること。

(1) ×1年10月1日　米国のA社から600ドル（決済日は×2年9月30日）を借り入れた（直物為替相場：1ドル115円）。

(2) ×1年12月1日　上記の借入金に対して為替予約（先物為替相場：1ドル117円）を付した（直物為替相場：1ドル119円）。

(3) ×2年3月31日　決算日を迎えた（直物為替相場：1ドル121円）。直先差額の期間配分は月割計算によること。

(4) ×2年9月30日　上記の借入金を返済した（直物為替相場：1ドル122円）。

次の一連の取引について、振当処理による仕訳をしなさい。なお、決算日は3月31日である（会計期間は1年）。また、入出金は現金預金勘定を用いて処理すること。

(1) ×2年2月1日　米国のA社に商品300ドルを輸出し、代金は掛け（決済日は×2年5月31日）とした（直物為替相場：1ドル110円）。

(2) ×2年3月1日　上記の売掛金に対して為替予約（先物為替相場：1ドル107円）を付した（直物為替相場：1ドル109円）。

(3) ×2年3月31日　決算日を迎えた（直物為替相場：1ドル106円）。直先差額の期間配分は月割計算によること。

(4) ×2年5月31日　上記の売掛金を回収した（直物為替相場：1ドル104円）。

 問題 16 　為替予約（独立処理）　　　　　　　解答…P.41　 基本 応用

　次の一連の取引について、独立処理による仕訳をしなさい。なお、決算日は３月31日である（会計期間は１年）。また、入出金は現金預金勘定を用いて処理すること。

(1) ×２年２月１日　米国のＡ社から300ドルを借り入れた（直物為替相場：１ドル108円）。なお、決済日は×３年１月31日である。

(2) ×２年３月１日　上記の借入金に対して為替予約（先物為替相場：１ドル109円）を付した（直物為替相場：１ドル111円）。

(3) ×２年３月31日　決算日を迎えた（直物為替相場：１ドル114円、先物為替相場：１ドル112円）。

(4) ×３年１月31日　上記の借入金を返済した（直物為替相場：１ドル122円、先物為替相場：122円）。


# 第３章　税効果会計


問題 17 　税効果会計 解答用紙あり　　　　　　　解答…P.42 基本 応用

　次の一連の取引について、(A)税効果会計に関する仕訳をし、(B)各年度期末における繰延税金資産または繰延税金負債の金額を求めなさい。なお、法人税等の実効税率は各年度ともに40％とする。

(1) ×１年度期末　取得原価10,000円の商品について、商品評価損1,000円を計上したが、税法上、全額が損金不算入となった。期首における一時差異はない。

(2) ×２年度期末　×１年度に評価損を計上した商品はすべて廃棄した。また、取得原価20,000円の商品について、商品評価損1,800円を計上したが、税法上、全額が損金不算入となった。

税効果会計 [解答用紙あり] 解答…P.44 基本 応用

次の一連の取引について、(A)税効果会計に関する仕訳をし、(B)各年度期末における繰延税金資産または繰延税金負債の金額を求めなさい。なお、法人税等の実効税率は各年度ともに40％とする。

(1) ×1年度期末　売掛金20,000円に対して、1,200円の貸倒引当金を繰り入れたが、税法上の繰入限度額は200円である。期首における一時差異はない。

(2) ×2年度期末　×1年度期末の売掛金が貸し倒れ、貸倒引当金1,200円を取り崩した。また、×2年度期末の売掛金28,000円に対して、1,680円の貸倒引当金を繰り入れたが、税法上の繰入限度額は280円である。

問題 19　税効果会計 解答…P.45 基本 応用

次の一連の取引について、税効果会計に関する仕訳をしなさい。なお、法人税等の実効税率は各年度ともに40％とする。

(1) ×1年度期末　×1年度期首に車両450,000円を購入し、定額法（残存価額０円、耐用年数３年）により減価償却を行ったが、税法上の法定耐用年数は５年である。

(2) ×3年度期末　上記の車両を50,000円で売却した。

問題 20　税効果会計 解答…P.45 基本 応用

次の一連の取引の仕訳をしなさい。なお、法人税等の実効税率は各年度ともに40％とする。

(1) ×1年度期末に保有するその他有価証券は次のとおりである。なお、その他有価証券は全部純資産直入法によって処理する。

| 銘　柄 | 取得原価 | 期末時価 |
|---|---|---|
| A社株式 | 8,000円 | 7,600円 |
| B社株式 | 6,500円 | 7,000円 |

(2) ×2年度期首　評価差額を振り戻す処理をする。

次の一連の取引の仕訳をしなさい。なお、法人税等の実効税率は各年度ともに40％とする。

(1)　×1年度期末に保有するその他有価証券は次のとおりである。なお、その他有価証券は部分純資産直入法によって処理する。

| 銘　柄 | 取得原価 | 期末時価 |
|---|---|---|
| A社株式 | 8,000円 | 7,600円 |
| B社株式 | 6,500円 | 6,600円 |

(2)　×2年度期首　評価差額を振り戻す処理をする。なお、法人税等調整額は期末に計上する。

次の一連の取引の仕訳をしなさい。なお、税効果会計を適用し、法人税等の実効税率は各年度ともに40％とする（決算日は年1回、3月31日）。

(1)　×1年4月1日　国庫補助金400,000円を現金で受け取った。

(2)　×2年3月31日　(1)の国庫補助金に自己資金を加えて1,000,000円の備品を購入し、代金は現金で支払った（×2年4月1日より使用）。なお、国庫補助金相当額については、積立金方式による圧縮記帳を行うことにした。

(3)　×2年3月31日　法人税法上、国庫補助金相当額が損金に算入されたため、税効果会計に関する処理をする。また、圧縮積立金（税効果相当額控除後）を積み立てた。

(4)　×3年3月31日　決算につき、上記の備品を定額法（残存価額0円、法定耐用年数5年、記帳方法は間接法）により減価償却を行った。また、圧縮積立金について減価償却費相当額を取り崩した。

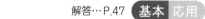

次の資料にもとづき、下記の各問に答えなさい。なお、法人税等の実効税率は40%とする。

［資　料］
(1) 当期首現在の繰延税金資産は3,000円であり、すべて建物の減価償却費にかかるものである（下記(5)参照）。
(2) 受取配当金のうち益金に算入されない金額が50,000円あった。
(3) 商品評価損のうち、損金に算入されない金額が6,000円あった。
(4) 売掛金にかかる貸倒引当金繰入額のうち、損金に算入されない金額が2,000円あった。
(5) 前期首に取得した建物（450,000円）について定額法（残存価額0円）で減価償却している。なお、会計上の耐用年数は20年で計算しているが、法定耐用年数は30年である。
(6) その他有価証券（すべて当期に購入）の取得原価は40,000円、時価は45,000円であった。なお、全部純資産直入法で処理している。

問1　貸借対照表に表示される繰延税金資産または繰延税金負債の金額を答えなさい。
問2　貸借対照表に表示されるその他有価証券評価差額金の金額を答えなさい。
問3　解答用紙の損益計算書の末尾を完成させなさい。

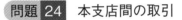

# 第4章　本支店会計

## 問題 24　本支店間の取引　　　　　解答…P.49　基本 応用

　次の各取引について、本店と支店の仕訳をしなさい。なお、本店は支店に商品を送付する際、原価に20%の利益を加算している。
(1)　本店は支店に現金10,000円を送金した。
(2)　支店は本店の売掛金20,000円を現金で回収した。
(3)　本店は支店に原価40,000円の商品を送付した。
(4)　支店は本来本店を通じて仕入れている商品を、直接本店の仕入先から50,000円（原価）で掛けにより仕入れた。
(5)　本店は本来支店に送付している商品を、直接支店の得意先に90,000円で掛けにより売り上げた。なお、支店は本店から仕入れた商品について原価率80%で得意先に販売している。

## 問題 25　支店分散計算制度と本店集中計算制度　　解答…P.49　基本 応用

　以下の取引について、(A)支店分散計算制度と(B)本店集中計算制度による場合の東京本店、埼玉支店、横浜支店の仕訳をしなさい。なお、勘定科目は次の中からもっとも適当なものを選ぶこと。

　　勘定科目：現金、本店、本店より仕入、本店へ売上、埼玉支店、埼玉支店より仕
　　　　　　　入、埼玉支店へ売上、横浜支店、横浜支店より仕入、横浜支店へ売上

　［取　引］
(1)　埼玉支店は横浜支店に現金10,000円を送付した。
(2)　埼玉支店は横浜支店に対して原価60,000円の商品を20%の利益を加算して送付した。

## 問題 26　本支店合併財務諸表の作成 解答用紙あり　解答…P.51　基本 応用

　次の資料にもとづき、本支店合併損益計算書と本支店合併貸借対照表を完成させなさい（当期：×2年4月1日〜×3年3月31日）。

[資料1] 決算整理前残高試算表

### 決算整理前残高試算表
×3年3月31日

| 借　　方 | 本　店 | 支　店 | 貸　　方 | 本　店 | 支　店 |
|---|---|---|---|---|---|
| 現　金　預　金 | 15,245 | 4,275 | 支　払　手　形 | 12,500 | 7,725 |
| 受　取　手　形 | 16,000 | 3,000 | 買　　掛　　金 | 6,000 | 1,250 |
| 売　　掛　　金 | 8,500 | 8,500 | 借　　入　　金 | 5,000 | 2,500 |
| 繰　越　商　品 | 29,250 | 16,250 | 貸　倒　引　当　金 | 1,020 | 425 |
| 建　　　　　物 | 12,500 | 6,500 | 繰　延　内　部　利　益 | 800 | － |
| 備　　　　　品 | 3,000 | 1,750 | 建物減価償却累計額 | 6,250 | 2,500 |
| 支　　　　　店 | 23,625 | － | 備品減価償却累計額 | 1,500 | 750 |
| 仕　　　　　入 | 143,750 | 19,750 | 本　　　　　店 | － | 23,625 |
| 本 店 よ り 仕 入 | － | 55,000 | 資　　本　　金 | 50,000 | － |
| 支　払　家　賃 | 7,625 | 5,625 | 繰　越　利　益　剰　余　金 | 6,000 | － |
| 保　　険　　料 | 1,750 | － | 売　　　　　上 | 118,750 | 82,500 |
| 広　告　宣　伝　費 | 3,000 | 1,375 | 支　店　へ　売　上 | 55,000 | － |
| 支　払　利　息 | 75 | 25 | 受　取　手　数　料 | 1,500 | 775 |
|  | 264,320 | 122,050 |  | 264,320 | 122,050 |

[資料2] 決算整理事項

(1) 期末商品棚卸高

　　本店：21,750円

　　支店：13,125円（うち9,625円は本店からの仕入分）

　※本店から支店に商品を送付する際、原価に10％の利益を加算している。

(2) 売上債権の期末残高に対して5％の貸倒引当金を設定する。

(3) 建物は定額法（残存価額は取得原価の10％、耐用年数30年）、備品は定率法（償却率20％）によって減価償却を行う。

(4) 支払家賃の未払額が本店に75円、支店に100円ある。

次の資料にもとづき、(A)本支店合併損益計算書を完成させ、解答用紙に記載した(B)本支店合併貸借対照表項目の金額を答えなさい（当期：×2年4月1日～×3年3月31日）。

［資料1］決算整理前残高試算表

決算整理前残高試算表
×3年3月31日

| 借　　方 | 本　店 | 支　店 | 貸　　方 | 本　店 | 支　店 |
|---|---|---|---|---|---|
| 現 金 預 金 | 275,074 | 110,360 | 支 払 手 形 | 287,480 | 50,700 |
| 受 取 手 形 | 156,000 | 82,800 | 買 掛 金 | 388,490 | 64,020 |
| 売 掛 金 | 275,600 | 226,600 | 貸 倒 引 当 金 | 4,560 | 3,240 |
| 繰 越 商 品 | 57,600 | 45,000 | 繰 延 内 部 利 益 | 2,100 | － |
| 貸 付 金 | 34,440 | － | 建物減価償却累計額 | 64,800 | 57,600 |
| 建 物 | 240,000 | 180,000 | 備品減価償却累計額 | 43,200 | 40,500 |
| 備 品 | 96,000 | 60,000 | 本 店 | － | 300,000 |
| 支 店 | 300,000 | － | 資 本 金 | 500,000 | |
| 仕 入 | 627,000 | 135,600 | 資 本 準 備 金 | 8,000 | |
| 本 店 よ り 仕 入 | － | 231,000 | 利 益 準 備 金 | 5,000 | |
| 販売費及び一般管理費 | 27,720 | 15,900 | 任 意 積 立 金 | 37,200 | |
| 支 払 利 息 | 1,176 | － | 繰 越 利 益 剰 余 金 | 24,000 | |
| | | | 売 上 | 490,270 | 571,200 |
| | | | 支 店 へ 売 上 | 231,000 | |
| | | | 受 取 利 息 | 4,510 | － |
| | 2,090,610 | 1,087,260 | | 2,090,610 | 1,087,260 |

［資料２］決算整理事項

(1) 期末商品棚卸高

　　　本店：帳簿棚卸高　440個　　　原価　＠150円

　　　　　　実地棚卸高　410個　　　時価　＠140円

　　　支店：外部仕入分：帳簿棚卸高　432個　　　原　　価　＠ 50円

　　　　　　　　　　　　実地棚卸高　402個　　　時　　価　＠ 48円

　　　　　　本店仕入分：帳簿棚卸高　300個　　　振替価額　＠165円

　　　　　　　　　　　　実地棚卸高　295個　　　時　　価　＠140円

(2) 棚卸減耗費は販売費及び一般管理費として処理し、商品評価損は売上原価の内訳項目として処理する。

(3) 本店から支店に商品を送付する際、原価に10％の利益を加算している。

(4) 売上債権の期末残高に対して２％の貸倒引当金を設定する（差額補充法）。

(5) 建物は定額法（残存価額は取得原価の10％、耐用年数30年）、備品は定率法（償却率20％）によって減価償却を行う。

(6) 税引前当期純利益に対して40％の法人税等を計上する。

次の資料にもとづき、(A)①本店と②支店のそれぞれの損益勘定および(B)総合損益勘定を作成しなさい。また、(C)次期に繰り越すべき支店勘定および本店勘定の金額を答えなさい（当期：×2年4月1日～×3年3月31日）。

[資料1] 決算整理前残高試算表

決算整理前残高試算表
×3年3月31日

| 借 方 | 本 店 | 支 店 | 貸 方 | 本 店 | 支 店 |
|---|---|---|---|---|---|
| 現 金 預 金 | 687,470 | 522,300 | 支 払 手 形 | 762,700 | 327,500 |
| 受 取 手 形 | 486,000 | 450,000 | 買 掛 金 | 1,176,050 | 645,000 |
| 売 掛 金 | 1,300,000 | 758,750 | 貸 倒 引 当 金 | 19,000 | 13,500 |
| 繰 越 商 品 | 240,000 | 182,500 | 繰 延 内 部 利 益 | 7,500 | － |
| 建 物 | 1,000,000 | 750,000 | 建物減価償却累計額 | 270,000 | 240,000 |
| 備 品 | 360,000 | 225,000 | 備品減価償却累計額 | 180,000 | 168,750 |
| 支 店 | 1,025,000 | － | 本 店 | － | 1,025,000 |
| 仕 入 | 2,650,000 | 565,000 | 資 本 金 | 1,125,000 | |
| 本 店 よ り 仕 入 | － | 787,500 | 資 本 準 備 金 | 75,000 | |
| 販売費及び一般管理費 | 638,000 | 62,500 | 利 益 準 備 金 | 122,500 | |
| 支 払 利 息 | 21,030 | 4,950 | 繰越利益剰余金 | 100,000 | |
| | | | 売 上 | 3,782,250 | 1,888,750 |
| | | | 支 店 へ 売 上 | 787,500 | － |
| | 8,407,500 | 4,308,500 | | 8,407,500 | 4,308,500 |

[資料2] 決算整理事項

(1) 期末商品棚卸高（棚卸減耗等は生じていない）

①本店：帳簿棚卸高 506個 原価 @500円

②支店：支店の期末商品棚卸高は210,000円、うち本店からの仕入分は138,000円（振替価額）である。

③本店から支店に商品を送付する際、原価に20%の利益を加算している。

(2) 売上債権の期末残高に対して2%の貸倒引当金を設定する（差額補充法）。

(3) 減価償却は本店、支店とも次の条件で行う。

建物：定額法（残存価額は取得原価の10%、耐用年数30年）

備品：定額法（残存価額は0円、耐用年数8年）

(4) 税引前当期純利益に対して40%の法人税等を計上する。

20

次の資料にもとづき、在外支店の円貨額による貸借対照表と損益計算書を作成しなさい。

[資料1] 在外支店の貸借対照表と損益計算書

### 貸 借 対 照 表
### ×2年3月31日
(単位：ドル)

| 借 方 科 目 | 金 額 | 貸 方 科 目 | 金 額 |
|---|---|---|---|
| 現　　　　　金 | 2,230 | 買　　掛　　金 | 600 |
| 売　　掛　　金 | 1,500 | 長 期 借 入 金 | 1,100 |
| 商　　　　　品 | 1,300 | 本　　　　　店 | 10,000 |
| 短 期 貸 付 金 | 1,200 | 当 期 純 利 益 | 330 |
| 建　　　　　物 | 6,000 | | |
| 減価償却累計額 | △200 | | |
| | 12,030 | | 12,030 |

### 損 益 計 算 書
### 自×1年4月1日　至×2年3月31日
(単位：ドル)

| 借 方 科 目 | 金 額 | 貸 方 科 目 | 金 額 |
|---|---|---|---|
| 売 上 原 価 | 2,600 | 売　　上　　高 | 3,780 |
| 減 価 償 却 費 | 200 | その他の収益 | 300 |
| そ の 他 の 費 用 | 950 | | |
| 当 期 純 利 益 | 330 | | |
| | 4,080 | | 4,080 |

[資料2]
(1) 期首商品はない。なお、期末商品は原価で評価されている。
(2) 本店勘定はすべて本店からの送金金額である。
(3) 換算に必要な為替相場（1ドルあたり）は次のとおりである。

　　建 物 購 入 時　　　98円　　　本店からの送金時　　　100円
　　仕 入 計 上 時　　　102円　　　売 上 計 上 時　　　99円
　　期 中 平 均 相 場　　101円　　　決算時（当期末）　　　103円

(4) 計上時の為替相場が不明な項目は期中平均相場を用いて換算すること。

# 第5章 キャッシュ・フロー計算書

問題 **30** キャッシュ・フロー計算書 解答用紙あり 解答…P.61 基本 応用

　次の資料にもとづき、(A)間接法および(B)直接法（営業活動によるキャッシュ・フローまで）によるキャッシュ・フロー計算書を作成しなさい。なお、マイナスのキャッシュ・フローには金額の前に△をつけること。

［資料1］財務諸表

### 貸 借 対 照 表

（単位：円）

| 借　　　方 | 前 期 末 | 当 期 末 | 貸　　　方 | 前 期 末 | 当 期 末 |
|---|---|---|---|---|---|
| 現 金 預 金 | 10,800 | 16,960 | 買 掛 金 | 2,400 | 3,200 |
| 売 掛 金 | 5,600 | 6,400 | 借 入 金 | 5,600 | 4,000 |
| 貸 倒 引 当 金 | △ 280 | △ 320 | 未 払 法 人 税 等 | 1,600 | 2,000 |
| 有 価 証 券 | 3,200 | 1,440 | 資 本 金 | 16,000 | 16,800 |
| 商　　　品 | 4,800 | 3,000 | 利 益 準 備 金 | 1,600 | 1,840 |
| 貸 付 金 | 800 | 400 | 繰越利益剰余金 | 13,800 | 16,920 |
| 前 払 営 業 費 | 80 | 160 | | | |
| 有 形 固 定 資 産 | 24,000 | 26,400 | | | |
| 減価償却累計額 | △8,000 | △9,680 | | | |
| | 41,000 | 44,760 | | 41,000 | 44,760 |

損 益 計 算 書（単位：円）

| | |
|---|---:|
| 売　　上　　高 | 54,400 |
| 売　上　原　価 | △35,200 |
| 給　料　・　賞　与 | △ 4,800 |
| 貸倒引当金繰入 | △　 40 |
| 減　価　償　却　費 | △ 3,280 |
| その他の営業費 | △　960 |
| 営　業　利　益 | 10,120 |
| 受取利息・配当金 | 320 |
| 有価証券売却益 | 400 |
| 支　払　利　息 | △　480 |
| 経　常　利　益 | 10,360 |
| 固定資産売却損 | △　800 |
| 税引前当期純利益 | 9,560 |
| 法　人　税　等 | △ 3,800 |
| 当　期　純　利　益 | 5,760 |

［資料２］その他の資料

(1) 貸倒引当金は売上債権期末残高に設定している。なお、期中に貸し倒れた金額はない。

(2) 帳簿価額2,400円の有価証券を2,800円で売却した。

(3) 有形固定資産（取得原価9,600円、期首減価償却累計額1,600円）を7,200円で売却した。

(4) 貸付金の当期回収額は640円である。

(5) 借入金の当期返済額は3,200円である。

(6) 当期に増資を行い、800円が払い込まれた。

(7) 当期に繰越利益剰余金から配当金2,400円が支払われ、利益準備金240円が積み立てられた。

(8) 現金預金はすべて現金及び現金同等物に該当する。

(9) 商品売買はすべて掛けで行っている。

　次の資料にもとづき、(A)間接法（営業活動によるキャッシュ・フローまで）および(B)直接法によるキャッシュ・フロー計算書を作成しなさい。なお、マイナスのキャッシュ・フローには金額の前に△をつけること。

[資料1] 財務諸表

### 貸 借 対 照 表

(単位：円)

| 借　　方 | 前 期 末 | 当 期 末 | 貸　　方 | 前 期 末 | 当 期 末 |
|---|---|---|---|---|---|
| 現　金　預　金 | 43,200 | 57,100 | 支　払　手　形 | 16,000 | 9,600 |
| 受　取　手　形 | 16,000 | 19,200 | 買　　掛　　金 | 9,600 | 12,800 |
| 売　　掛　　金 | 22,400 | 25,520 | 短 期 借 入 金 | 22,400 | 16,000 |
| 貸 倒 引 当 金 | △　640 | △　720 | 未 払 法 人 税 等 | 6,400 | 8,000 |
| 有　価　証　券 | 12,800 | 5,760 | 未　払　利　息 | 960 | 640 |
| 商　　　　品 | 19,200 | 12,000 | 未　払　給　料 | 320 | 480 |
| 前 払 営 業 費 | 320 | 640 | 長 期 借 入 金 | 28,480 | 29,120 |
| 未　収　利　息 | 640 | 320 | 資　　本　　金 | 64,000 | 67,200 |
| 有 形 固 定 資 産 | 96,000 | 105,600 | 利 益 準 備 金 | 6,400 | 7,360 |
| 減価償却累計額 | △32,000 | △38,400 | 別 途 積 立 金 | 9,600 | 12,800 |
| 長 期 貸 付 金 | 3,200 | 1,600 | 繰越利益剰余金 | 16,960 | 24,620 |
| | 181,120 | 188,620 | | 181,120 | 188,620 |

損 益 計 算 書　　　　（単位：円）

| 費　　用 | | 収　　益 | |
|---|---|---|---|
| 売 上 原 価 | 140,800 | 売 上 高 | 217,600 |
| 給料・賞与手当 | 19,200 | 受取利息・配当金 | 1,280 |
| 貸 倒 損 失 | 80 | 有価証券売却益 | 1,600 |
| 貸倒引当金繰入 | 320 | | |
| 減 価 償 却 費 | 13,120 | | |
| 棚 卸 減 耗 費 | 800 | | |
| その他の営業費 | 3,840 | | |
| 支 払 利 息 | 1,920 | | |
| 有価証券評価損 | 640 | | |
| 為 替 差 損 | 960 | | |
| 固定資産売却損 | 2,880 | | |
| 法 人 税 等 | 14,500 | | |
| 当 期 純 利 益 | 21,420 | | |
| | 220,480 | | 220,480 |

［資料２］その他の資料

(1)　貸倒引当金は売上債権期末残高に設定している。なお、前期に発生した売掛金240円と当期に発生した売掛金80円が期中に貸し倒れた。

(2)　帳簿価額9,600円の有価証券を11,200円で売却した。

(3)　有形固定資産（取得原価38,400円、期首減価償却累計額6,400円）を28,800円で売却した。

(4)　長期貸付金の当期回収額は2,560円である。

(5)　長期借入金の当期返済額は22,800円である。

(6)　当期に増資を行い、3,200円が払い込まれた。

(7)　当期に以下の剰余金（繰越利益剰余金）の配当・処分を行った。
　　　株主配当金　9,600円　利益準備金　960円　別途積立金　3,200円

(8)　為替差損は外貨預金の換算替えによって生じた換算差額である。

(9)　現金預金はすべて現金及び現金同等物に該当する。

(10)　商品売買はすべて掛けまたは手形で行っている。

次の文章について、正しいと思うものには○印を、正しくないと思うものには×印をつけ、×印をつけたものについてはその理由を簡潔に記述しなさい。

(1) キャッシュ・フロー計算書が対象とする資金の範囲は現金のみである。

(2) 受取利息と受取配当金は「投資活動によるキャッシュ・フロー」の区分に記載し、支払利息と支払配当金は「財務活動によるキャッシュ・フロー」の区分に記載しなければならない。

(3) 営業活動によるキャッシュ・フローの表示方法は間接法と直接法の選択が可能であるが、投資活動によるキャッシュ・フローと財務活動によるキャッシュ・フローの表示方法は間接法と直接法の区別はない。

## 問題編

## 解答・解説

| | 借 方 科 目 | 金 額 | 貸 方 科 目 | 金 額 |
|---|---|---|---|---|
| (1) | 先物取引差入証拠金 | 1,800 | 現 金 | 1,800 |
| (2) | 先 物 取 引 差 金 | 1,200 | 先 物 損 益 | 1,200 *1 |
| (3) | 先 物 損 益 | 1,200 | 先 物 取 引 差 金 | 1,200 |
| (4) | 現 金 | 1,800 | 先物取引差入証拠金 | 1,800 |
| | 現 金 | 600 | 先 物 損 益 | 600 *2 |

*1　(@94円 − @92円) × 600口 = 1,200円（益）
　　　　　　時価

*2　(@93円 − @92円) × 600口 = 600円（益）
　　　　　　売値

| | 借 方 科 目 | 金 額 | 貸 方 科 目 | 金 額 |
|---|---|---|---|---|
| (1) | 先物取引差入証拠金 | 1,500 | 現 金 | 1,500 |
| (2) | 先 物 取 引 差 金 | 500 | 先 物 損 益 | 500 *1 |
| (3) | 先 物 損 益 | 500 | 先 物 取 引 差 金 | 500 |
| (4) | 現 金 | 1,500 | 先物取引差入証拠金 | 1,500 |
| | 現 金 | 1,000 | 先 物 損 益 | 1,000 *2 |

*1　(@95円 − @94円) × 500口 = 500円（益）
　　　　　　時価

*2　(@95円 − @93円) × 500口 = 1,000円（益）
　　　　　　買値

| | 借 方 科 目 | 金 額 | 貸 方 科 目 | 金 額 |
|---|---|---|---|---|
| (1) | 当 座 預 金 | 200,000 | 長 期 借 入 金 | 200,000 |
| (2) | 支 払 利 息 | 5,000 *1 | 現 金 | 5,000 |
| | 現 金 | 1,000 *2 | 支 払 利 息 | 1,000 |
| | | | (または金利スワップ差損益) | |
| (3) | 金利スワップ資産 | 4,645 | 金利スワップ差損益 | 4,645 |

* 1　$200,000 円 \times 5\% \times \dfrac{6 か月}{12 か月} = 5,000 円$

* 2　①B銀行に支払う利息：$200,000 円 \times 4\% \times \dfrac{6 か月}{12 か月} = 4,000 円$

　　②B銀行から受け取る利息：$200,000 円 \times 5\% \times \dfrac{6 か月}{12 か月} = 5,000 円$

　　③ $5,000 円 - 4,000 円 = 1,000 円$

| | 借 方 科 目 | 金 額 | 貸 方 科 目 | 金 額 |
|---|---|---|---|---|
| (A) | その他有価証券 | 199,600 | 当 座 預 金 | 199,600 |
| | 先物取引差入証拠金 | 300 | 当 座 預 金 | 300 |
| (B) | その他有価証券評価差額金 | 1,400 | その他有価証券 | 1,400 *1 |
| | 先 物 取 引 差 金 | 1,200 | 繰延ヘッジ損益 | 1,200 *2 |
| (C) | そ の 他 有 価 証 券 | 1,400 | その他有価証券評価差額金 | 1,400 |
| | 繰 延 ヘ ッ ジ 損 益 | 1,200 | 先 物 取 引 差 金 | 1,200 |
| (D) | 当 座 預 金 | 196,500 | その他有価証券 | 199,600 |
| | 投資有価証券売却損益 | 3,100 | | |
| | 当 座 預 金 | 300 | 先物取引差入証拠金 | 300 |
| | 当 座 預 金 | 3,000 | 投資有価証券売却損益 | 3,000 *3 |
| | | | (または先物損益) | |

★　上段（破線よりも上）は国債（現物）の仕訳、下段（破線よりも下）は国債先物の仕訳を表します。

* 1　$198,200 円 - 199,600 円 = \triangle 1,400 円$
* 2　$192,000 円 - 190,800 円 = 1,200 円 （益）$
* 3　$192,000 円 - 189,000 円 = 3,000 円 （益）$

**解答** 5

|       | 借 方 科 目 | 金 額 | 貸 方 科 目 | 金 額 |
|-------|-----------|------|-----------|------|
| (1) | 前　払　金 | 1,100*1 | 現　　　金 | 1,100 |
| (2) | 仕　　　入 | 21,620*3 | 前　払　金<br>買　掛　金 | 1,100<br>20,520*2 |
| (3) | 買　掛　金 | 20,520 | 当　座　預　金<br>為　替　差　損　益 | 20,330*4<br>190*5 |

＊1　10ドル×110円＝1,100円
＊2　(200ドル－10ドル)×108円＝20,520円
＊3　貸方合計
＊4　190ドル×107円＝20,330円
＊5　貸借差額

**解答** 6

|       | 借 方 科 目 | 金 額 | 貸 方 科 目 | 金 額 |
|-------|-----------|------|-----------|------|
| (1) | 当　座　預　金 | 3,150 | 前　受　金 | 3,150*1 |
| (2) | 前　受　金<br>売　掛　金 | 3,150<br>28,620*2 | 売　　　上 | 31,770*3 |
| (3) | 当　座　預　金 | 29,160*4 | 売　掛　金<br>為　替　差　損　益 | 28,620<br>540*5 |

＊1　30ドル×105円＝3,150円
＊2　(300ドル－30ドル)×106円＝28,620円
＊3　借方合計
＊4　270ドル×108円＝29,160円
＊5　貸借差額

### 決算整理後残高試算表
### ×2年3月31日　　　　　　　　　（単位：円）

| 現　　　　金 | （ | 20,150） | 買　掛　金 | （ | 62,850） |
|---|---|---|---|---|---|
| 売　掛　金 | （ | 65,100） | 前　受　金 | （ | 5,600） |
| 前　払　金 | （ | 4,640） | 長期借入金 | （ | 11,000） |
| （支払利息） | （ | 370） | （未払利息） | （ | 55） |
| | | | 為替差損益 | （ | 1,000） |

**解説**

決算日において、貨幣項目は決算時の為替相場で換算替えをします。

(1) 現　金…貨幣項目 → 換算替え必要
　　（現　　　　金）　　　150* 　（為　替　差　損　益）　　　150
　　* ①B/S価額：75ドル×110円＝8,250円
　　　②帳簿価額：8,100円
　　　③8,250円－8,100円＝150円（増加）

(2) 売掛金…貨幣項目 → 換算替え必要
　　（売　　掛　　金）　　1,100* 　（為　替　差　損　益）　　1,100
　　* ①B/S価額：220ドル×110円＝24,200円
　　　②帳簿価額：23,100円
　　　③24,200円－23,100円＝1,100円（増加）

(3) 前払金…非貨幣項目 → 換算替え不要

(4) 買掛金…貨幣項目 → 換算替え必要
　　（為　替　差　損　益）　　450 　（買　　掛　　金）　　450*
　　* ①B/S価額：150ドル×110円＝16,500円
　　　②帳簿価額：16,050円
　　　③16,500円－16,050円＝450円（増加）

(5) 前受金…非貨幣項目 → 換算替え不要

(6) 長期借入金…貨幣項目 → 換算替え必要
　　（長　期　借　入　金）　　200* 　（為　替　差　損　益）　　200
　　* ①B/S価額：100ドル×110円＝11,000円
　　　②帳簿価額：11,200円
　　　③11,000円－11,200円＝△200円（減少）

(7) 未払利息の計上
　　（支　払　利　息）　　55 　（未　払　利　息）　　55*
　　* $100 ドル × 6\% × \dfrac{1 か月（×2年3/1～3/31）}{12 か月} = 0.5 ドル$

　　0.5ドル×110円＝55円

**解答 8**

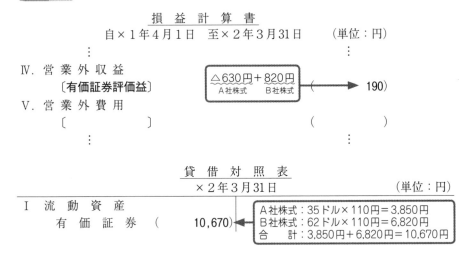

損 益 計 算 書
自×1年4月1日　至×2年3月31日　　（単位：円）

⋮　　　　　　　　　　　　　　⋮

Ⅳ．営 業 外 収 益
　〔**有価証券評価益**〕　　△630円＋820円　（　　　　190）
　　　　　　　　　　　　　A社株式　　B社株式

Ⅴ．営 業 外 費 用
　〔　　　　　　　〕　　　　　　（　　　　　　）

⋮　　　　　　　　　　　　　　⋮

貸 借 対 照 表
×2年3月31日　　　　　（単位：円）

Ⅰ　流 動 資 産
　有 価 証 券　（　　10,670）　A社株式：35ドル×110円＝3,850円
　　　　　　　　　　　　　　　　B社株式：62ドル×110円＝6,820円
　　　　　　　　　　　　　　　　合　　計：3,850円＋6,820円＝10,670円

**解説** ··················································································●

外貨建ての売買目的有価証券は、時価を決算時の為替相場で換算した金額で評価します。

(1)　A社株式

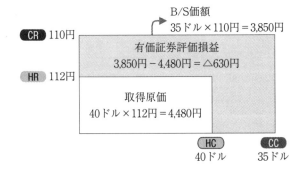

(2)　B社株式

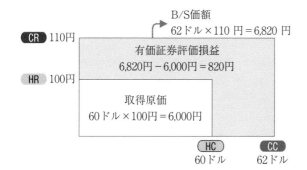

B/S価額
62ドル×110円＝6,820円

CR 110円

有価証券評価損益
6,820円－6,000円＝820円

HR 100円

取得原価
60ドル×100円＝6,000円

HC
60ドル

CC
62ドル

解答 9

損　益　計　算　書
自×1年4月1日　至×2年3月31日　　（単位：円）

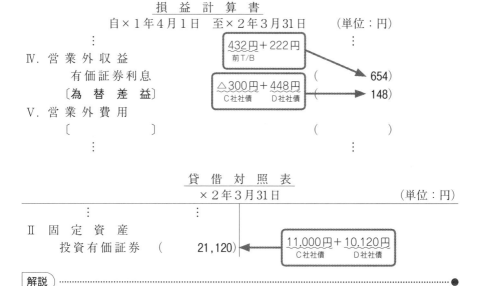

⋮

IV．営　業　外　収　益

　　　有　価　証　券　利　息　　　　　　　　　　（　　　　654）

432円＋222円
前T/B

　　　〔為　替　差　益〕　　　　　　　　　　　　（　　　　148）

△300円＋448円
C社社債　　D社社債

V．営　業　外　費　用

　　　〔　　　　　　　　〕　　　　　　　　　　　（　　　　　　）

⋮　　　　　　　　　　　　　　　　　　　　　⋮

貸　借　対　照　表
×2年3月31日　　　　　　（単位：円）

⋮

II　固　定　資　産

　　　投　資　有　価　証　券　（　　21,120）

11,000円＋10,120円
C社社債　　D社社債

解説

　外貨建ての満期保有目的債券は、原則として取得原価を決算時の為替相場で換算した金額
で評価し、評価差額は**為替差損益**で処理します。ただし、償却原価法を適用している場合は、
償却原価（取得原価＋当期償却額）を決算時の為替相場で換算した金額で評価します。
　なお、金利調整差額の当期償却額は**期中平均相場**で換算します。

(1) C社社債

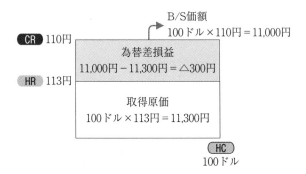

B/S価額
100ドル×110円＝11,000円

CR 110円

為替差損益
11,000円－11,300円＝△300円

HR 113円

取得原価
100ドル×113円＝11,300円

HC
100ドル

(2) D社社債

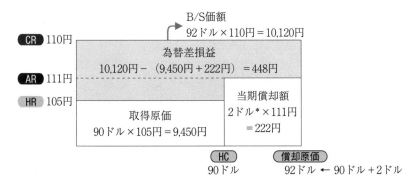

B/S価額
92ドル×110円＝10,120円

CR 110円

為替差損益
10,120円－（9,450円＋222円）＝448円

AR 111円

HR 105円

当期償却額
2ドル＊×111円
＝222円

取得原価
90ドル×105円＝9,450円

HC
90ドル

償却原価
92ドル ← 90ドル＋2ドル

＊ （100ドル－90ドル）÷5年＝2ドル

解答 10

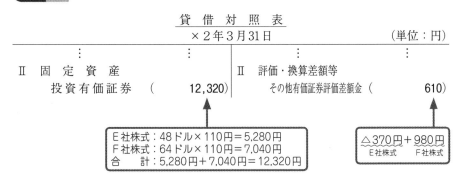

貸 借 対 照 表
×2年3月31日　　　　　　　　　　　　　　（単位：円）

| ⋮ | ⋮ | | ⋮ | ⋮ |
|---|---|---|---|---|
| Ⅱ　固　定　資　産 | | | Ⅱ　評価・換算差額等 | |
| 投 資 有 価 証 券 （ | 12,320） | | その他有価証券評価差額金 （ | 610） |

E社株式：48ドル×110円＝5,280円
F社株式：64ドル×110円＝7,040円
合　　計：5,280円＋7,040円＝12,320円

△370円＋980円
E社株式　　F社株式

外貨建てのその他有価証券は、時価を決算時の為替相場で換算した金額で評価します。

(1) E社株式

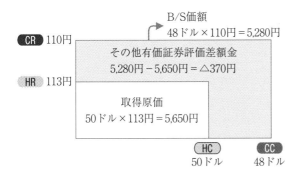

(2) F社株式

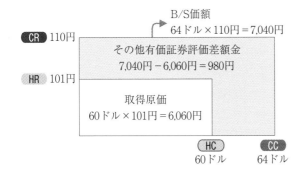

解答 11

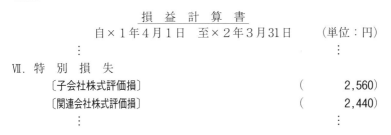

損 益 計 算 書
自×1年4月1日 至×2年3月31日 （単位：円）
⋮            ⋮
Ⅶ. 特 別 損 失
　　〔子会社株式評価損〕　　　　　　　　　（　　　 2,560）
　　〔関連会社株式評価損〕　　　　　　　　（　　　 2,440）
　　　　　⋮            ⋮

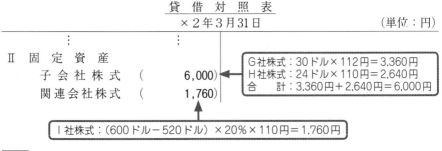

$$\underline{\text{貸 借 対 照 表}}$$
×2年3月31日 （単位：円）

| | | |
|---|---|---|
| ⋮ | ⋮ | |
| Ⅱ 固 定 資 産 | | |
| 子 会 社 株 式 | （ 6,000） | G社株式：30ドル×112円＝3,360円<br>H社株式：24ドル×110円＝2,640円<br>合　計：3,360円＋2,640円＝6,000円 |
| 関 連 会 社 株 式 | （ 1,760） | |

I社株式：（600ドル－520ドル）×20％×110円＝1,760円

**解説**

　子会社株式や関連会社株式は原則として評価替えをしませんが、時価が著しく下落した場合や実質価額が著しく低下した場合は強制評価減や実価法を適用します。なお、強制評価減を行った場合等の換算相場は、決算時の為替相場を用います。

(1)　G社株式…評価替えなし
(2)　H社株式…強制評価減

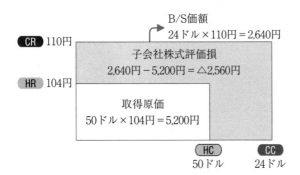

(3)　I社株式…実価法

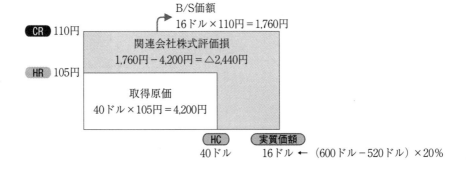

**解答 12**

| | 借 方 科 目 | 金 額 | 貸 方 科 目 | 金 額 |
|---|---|---|---|---|
| (1) | 仕　　　　　入 | 22,000 | 買　　掛　　金 | 22,000* |
| (2) | 仕　訳　な　し | | | |
| (3) | 買　　掛　　金 | 22,000 | 当　座　預　金 | 22,000 |

\* 　200 ドル × 110 円 = 22,000 円

**解答 13**

問 1

| | 借 方 科 目 | 金 額 | 貸 方 科 目 | 金 額 |
|---|---|---|---|---|
| (1) | 現　金　預　金 | 69,000*¹ | 借　　入　　金<br>前　受　収　益 | 67,800*²<br>1,200*³ |
| (2) | 前　受　収　益 | 500*⁴ | 為　替　差　損　益 | 500 |
| (3) | 借　　入　　金<br>前　受　収　益 | 67,800<br>700*⁵ | 現　金　預　金<br>為　替　差　損　益 | 67,800<br>700 |

\* 1　600 ドル × 115 円 = 69,000 円

\* 2　600 ドル × 113 円 = 67,800 円

\* 3　貸借差額

\* 4　$1,200 円 \times \dfrac{5 か月}{12 か月} = 500 円$

\* 5　1,200 円 − 500 円 = 700 円

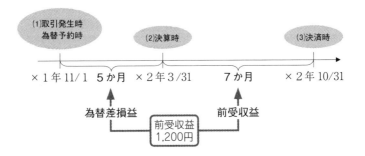

37

問2

| | 借　方　科　目 | 金　　額 | 貸　方　科　目 | 金　　額 |
|---|---|---|---|---|
| (1) | 貸　　付　　金 | 33,600*2 | 現　金　預　金 | 34,200*1 |
| | 前　払　費　用 | 600*3 | | |
| (2) | 為　替　差　損　益 | 200 | 前　払　費　用 | 200*4 |
| | 未　収　収　益 | 339 | 受　取　利　息 | 339*5 |
| (3) | 現　金　預　金 | 33,600 | 貸　　付　　金 | 33,600 |
| | 現　金　預　金 | 990 | 受　取　利　息 | 990*6 |
| | 為　替　差　損　益 | 400 | 前　払　費　用 | 400*7 |

* 1　　300ドル×114円＝34,200円

* 2　　300ドル×112円＝33,600円

* 3　　貸借差額

* 4　　$600円 \times \dfrac{4か月}{12か月} = 200円$

* 5　　$300ドル \times 3\% \times \dfrac{4か月}{12か月} \times 113円 = 339円$

* 6　　300ドル×3％×110円＝990円

* 7　　600円－200円＝400円

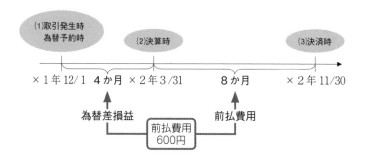

解説 ●

　資金取引で取引発生時に為替予約を付した場合、借入時（または貸付時）の入出金額は直物為替相場で換算し、借入金（または貸付金）は先物為替相場（予約レート）で換算します。
　そして、換算差額は前払費用または前受収益で処理し、決算において当期分を為替差損益に振り替えます。
　なお、この問題は利息に対して為替予約を付していないため、利息については決算時や決済時（利払時）の直物為替相場で換算します。

| | 借 方 科 目 | 金 額 | 貸 方 科 目 | 金 額 |
|---|---|---|---|---|
| (1) | 現 金 預 金 | 69,000 | 借 入 金 | 69,000*1 |
| (2) | 為 替 差 損 益 | 2,400 | 借 入 金 | 2,400*2 |
| | 借 入 金 | 1,200*3 | 前 受 収 益 | 1,200 |
| (3) | 前 受 収 益 | 480*4 | 為 替 差 損 益 | 480 |
| (4) | 借 入 金 | 70,200*5 | 現 金 預 金 | 70,200 |
| | 前 受 収 益 | 720*6 | 為 替 差 損 益 | 720 |

*1  600ドル×115円＝69,000円

*2  直直差額：600ドル×（119円－115円）＝2,400円（借入金の増加）

*3  直先差額：600ドル×（117円－119円）＝△1,200円（借入金の減少）

*4  $1,200円 \times \dfrac{4か月}{10か月} = 480円$

*5  600ドル×117円（予約レート）＝70,200円

*6  1,200円－480円＝720円

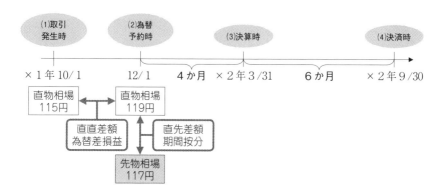

解説

　取引発生後に為替予約を付した場合は、直直差額は当期の損益（為替差損益）で処理します。また、直先差額のうち予約日から決算日までの期間に対応する金額は、当期の損益（為替差損益）で処理し、決算日の翌日から決済日までの期間に対応する金額は、前払費用または前受収益で処理します。

| | 借 方 科 目 | 金 額 | 貸 方 科 目 | 金 額 |
|---|---|---|---|---|
| (1) | 売 掛 金 | 33,000*1 | 売 上 | 33,000 |
| (2) | 為 替 差 損 益 | 300 | 売 掛 金 | 300*2 |
| | 前 払 費 用 | 600 | 売 掛 金 | 600*3 |
| (3) | 為 替 差 損 益 | 200 | 前 払 費 用 | 200*4 |
| (4) | 現 金 預 金 | 32,100 | 売 掛 金 | 32,100*5 |
| | 為 替 差 損 益 | 400 | 前 払 費 用 | 400*6 |

* 1　300ドル × 110円 = 33,000円

* 2　直直差額：300ドル × （109円 − 110円）= △300円（売掛金の減少）

* 3　直先差額：300ドル × （107円 − 109円）= △600円（売掛金の減少）

* 4　$600円 \times \dfrac{1か月}{3か月} = 200円$

* 5　300ドル × 107円（予約レート）= 32,100円

* 6　600円 − 200円 = 400円

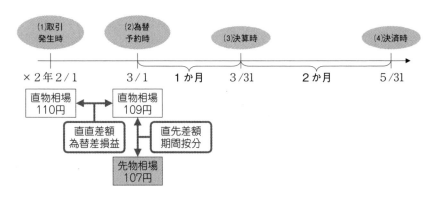

40

| | 借 方 科 目 | 金 額 | 貸 方 科 目 | 金 額 |
|---|---|---|---|---|
| (1) | 現 金 預 金 | 32,400 | 借 入 金 | 32,400 |
| (2) | 仕 訳 な し | | | |
| (3) | 為 替 差 損 益 | 1,800 | 借 入 金 | 1,800 |
| | 為 替 予 約 | 900 | 為 替 差 損 益 | 900 |
| (4) | 借 入 金 | 34,200 | 現 金 預 金 | 36,600 |
| | 為 替 差 損 益 | 2,400 | | |
| | 為 替 予 約 | 3,000 | 為 替 差 損 益 | 3,000 |
| | 現 金 預 金 | 36,600 | 現 金 預 金 | 32,700 |
| | | | 為 替 予 約 | 3,900 |

解説

独立処理の場合、外貨建取引（直物取引）と為替予約取引（先物取引）を分けて処理します。

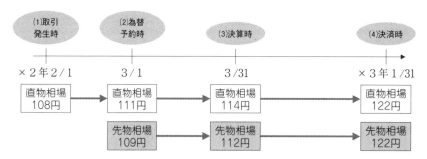

(1) 取引発生時
　① 外貨建取引（直物取引）
　　（現 金 預 金） 32,400 （借 入 金） 32,400*
　　* 300ドル × 108円 ＝ 32,400円
　② 為替予約取引（先物取引）…仕訳なし
(2) 為替予約時
　① 外貨建取引（直物取引）…仕訳なし
　② 為替予約取引（先物取引）…仕訳なし

(3) 決算時
　① 外貨建取引（直物取引）
　　（為　替　差　損　益）　　　1,800　（借　　入　　金）　　　1,800*¹
　　＊1　300ドル×（114円−108円）= 1,800円（増加）
　② 為替予約取引（先物取引）
　　（為　替　予　約）　　　　900　（為　替　差　損　益）　　　900*²
　　＊2　300ドル×（112円−109円）= 900円（プラスの効果）
(4) 決済時
　① 外貨建取引（直物取引）
　　（借　　入　　金）　　34,200*¹　（現　金　預　金）　　36,600*²
　　（為　替　差　損　益）　2,400*³
　　＊1　32,400円 + 1,800円 = 34,200円
　　＊2　300ドル×122円 = 36,600円
　　＊3　貸借差額
　② 為替予約取引（先物取引）
　　（為　替　予　約）　　　3,000　（為　替　差　損　益）　　　3,000*⁴
　　（現　金　預　金）　　36,600*⁵　（現　金　預　金）　　32,700*⁶
　　　　　　　　　　　　　　　　　　（為　替　予　約）　　　3,900*⁷
　　＊4　300ドル×（122円−112円）= 3,000円（プラスの効果）
　　＊5　(4)①の現金預金の取消し
　　＊6　実際の支払額：300ドル×109円（予約レート）= 32,700円
　　＊7　900円 + 3,000円 = 3,900円

---

解答 17

(A) 税効果会計に関する仕訳

| | 借　方　科　目 | 金　　額 | 貸　方　科　目 | 金　　額 |
|---|---|---|---|---|
| (1) | 繰 延 税 金 資 産 | 400 | 法 人 税 等 調 整 額 | 400 |
| (2) | 繰 延 税 金 資 産 | 320 | 法 人 税 等 調 整 額 | 320 |

(B) 各年度期末における繰延税金資産または繰延税金負債（いずれかに記入）
　(1) ×1年度期末　繰延税金資産　　　　400円　←　1,000円×40%
　　　　　　　　　　繰延税金負債　　　　　　円
　(2) ×2年度期末　繰延税金資産　　　　720円　←　1,800円×40%
　　　　　　　　　　繰延税金負債　　　　　　円

(1)について

　会計上の商品評価損と税法上の商品評価損の差額から損金不算入額を計算し、損金不算入額に法人税等の実効税率を掛けて法人税等調整額を計算します。

会計上：（商　品　評　価　損）　　　1,000　　（商　　　　　　品）　　　1,000

損益項目 →

税効果：（繰　延　税　金　資　産）　　　 400　　（法 人 税 等 調 整 額）　　　 400*

　　　*　1,000円×40％＝400円

(2)について

　過年度において、すでに繰延税金資産（または繰延税金負債）が計上されている場合は、当期末の繰延税金資産（または繰延税金負債）と、すでに計上されている繰延税金資産（または繰延税金負債）の差額を、繰延税金資産（または繰延税金負債）として処理します。

会計上：（商　品　評　価　損）　　　1,800　　（商　　　　　　品）　　　1,800

損益項目 →

税効果：（繰　延　税　金　資　産）　　　 320　　（法 人 税 等 調 整 額）　　　 320*

　　　*　①1,800円×40％＝720円
　　　　②720円－400円＝320円

なお、一時差異の発生と解消に分けて仕訳すると次のようになります。

① 　×1年度の差異の解消

（法 人 税 等 調 整 額）　　　 400　　（繰 延 税 金 資 産）　　　 400

② 　×2年度の差異の発生

（繰 延 税 金 資 産）　　　 720　　（法 人 税 等 調 整 額）　　　 720

(A) 税効果会計に関する仕訳

|  | 借 方 科 目 | 金 額 | 貸 方 科 目 | 金 額 |
|---|---|---|---|---|
| (1) | 繰 延 税 金 資 産 | 400 | 法 人 税 等 調 整 額 | 400 |
| (2) | 繰 延 税 金 資 産 | 160 | 法 人 税 等 調 整 額 | 160 |

(B) 各年度期末における繰延税金資産または繰延税金負債（いずれかに記入）

(1) ×1年度期末　繰延税金資産　　　400円　←　（1,200円 − 200円）× 40%

　　　　　　　　繰延税金負債　　　　　円

(2) ×2年度期末　繰延税金資産　　　560円　←　（1,680円 − 280円）× 40%

　　　　　　　　繰延税金負債　　　　　円

解説 ............................................................................●

(1)について

会計上：（貸 倒 引 当 金 繰 入） 1,200 （貸 倒 引 当 金） 1,200

損益項目 →

税効果：（繰 延 税 金 資 産） 400 （法 人 税 等 調 整 額） 400*

＊（1,200円 − 200円）× 40% = 400円

(2)について

会計上：（貸 倒 引 当 金 繰 入） 1,680 （貸 倒 引 当 金） 1,680

損益項目 →

税効果：（繰 延 税 金 資 産） 160 （法 人 税 等 調 整 額） 160*

＊　①（1,680円 − 280円）× 40% = 560円

　　②560円 − 400円 = 160円

なお、一時差異の発生と解消に分けて仕訳すると次のようになります。

① ×1年度の差異の解消

（法 人 税 等 調 整 額） 400 （繰 延 税 金 資 産） 400

② ×2年度の差異の発生

（繰 延 税 金 資 産） 560 （法 人 税 等 調 整 額） 560

解答 19

| | 借 方 科 目 | 金 額 | 貸 方 科 目 | 金 額 |
|---|---|---|---|---|
| (1) | 繰 延 税 金 資 産 | 24,000 | 法 人 税 等 調 整 額 | 24,000 |
| (2) | 法 人 税 等 調 整 額 | 48,000 | 繰 延 税 金 資 産 | 48,000 |

解説 ●

(1)について

会計上の減価償却費と税法上の減価償却費の差額から損金不算入額を計算し、損金不算入額に法人税等の実効税率を掛けて法人税等調整額を計算します。

会計上：（減 価 償 却 費） 150,000 （減価償却累計額） 150,000

**損益項目** →

税効果：（繰 延 税 金 資 産） 24,000 （法 人 税 等 調 整 額） 24,000*

* ①会計上の減価償却費：450,000円÷3年＝150,000円
②税法上の減価償却費：450,000円÷5年＝90,000円
③法人税等調整額：（150,000円－90,000円）×40％＝24,000円

(2)について

固定資産を売却したときは差異が解消されるので、計上していた繰延税金資産または繰延税金負債を取り崩します。なお、×2年度期末にも×1年度期末と同様の処理がされているので、×3年度に取り崩す繰延税金資産は48,000円（24,000円×2年）です。

解答 20

| | 借 方 科 目 | 金 額 | 貸 方 科 目 | 金 額 |
|---|---|---|---|---|
| (1) | その他有価証券<br>その他有価証券評価差額金 | 100*1<br>40*2 | その他有価証券評価差額金<br>繰 延 税 金 負 債 | 100<br>40 |
| (2) | その他有価証券評価差額金<br>繰 延 税 金 負 債 | 100<br>40 | その 他 有 価 証 券<br>その他有価証券評価差額金 | 100<br>40 |

*1　A社株式：7,600円－8,000円＝△400円
　　B社株式：7,000円－6,500円＝ 500円
　　評価差額：　　　　　　　　　 100円

*2　100円×40％＝40円

| | 借 方 科 目 | 金 額 | 貸 方 科 目 | 金 額 |
|---|---|---|---|---|
| (1) | 投資有価証券評価損 | 400 | その他有価証券 | 400*1 |
| | 繰 延 税 金 資 産 | 160 | 法 人 税 等 調 整 額 | 160*2 |
| | その他有価証券 | 100*3 | その他有価証券評価差額金 | 100 |
| | その他有価証券評価差額金 | 40*4 | 繰 延 税 金 負 債 | 40 |
| (2) | その他有価証券 | 400 | 投資有価証券評価損 | 400 |
| | その他有価証券評価差額金 | 100 | その他有価証券 | 100 |
| | 繰 延 税 金 負 債 | 40 | その他有価証券評価差額金 | 40 |

* 1　A社株式：7,600円 - 8,000円 = △400円
* 2　400円 × 40% = 160円
* 3　B社株式：6,600円 - 6,500円 = 100円
* 4　100円 × 40% = 40円

解説

　法人税等の調整は期末に行われるため、税効果会計に関して「法人税等調整額」で処理した場合には、翌期首において税効果会計に関する再振替仕訳は行いません。

| | 借 方 科 目 | 金 額 | 貸 方 科 目 | 金 額 |
|---|---|---|---|---|
| (1) | 現　　　　　金 | 400,000 | 国 庫 補 助 金 収 入 | 400,000 |
| (2) | 備　　　　　品 | 1,000,000 | 現　　　　　金 | 1,000,000 |
| (3) | 法 人 税 等 調 整 額 | 160,000*1 | 繰 延 税 金 負 債 | 160,000 |
| | 繰 越 利 益 剰 余 金 | 240,000 | 圧 縮 積 立 金 | 240,000*2 |
| (4) | 減 価 償 却 費 | 200,000*3 | 減 価 償 却 累 計 額 | 200,000 |
| | 繰 延 税 金 負 債 | 32,000*4 | 法 人 税 等 調 整 額 | 32,000 |
| | 圧 縮 積 立 金 | 48,000*5 | 繰 越 利 益 剰 余 金 | 48,000 |

* 1　400,000円 × 40% = 160,000円
* 2　400,000円 × （100% - 40%） = 240,000円
* 3　1,000,000円 ÷ 5年 = 200,000円
* 4　①会計上の減価償却費：200,000円
　　　②税法上の減価償却費：（1,000,000円 - 400,000円）÷ 5年 = 120,000円
　　　③繰延税金負債の減少額：（200,000円 - 120,000円）× 40% = 32,000円
* 5　（200,000円 - 120,000円）×（100% - 40%）= 48,000円

問1

固定資産または固定負債 _____7,200 円

＊ 負債を表す場合には金額の前に△を付すこと。

問2

その他有価証券評価差額金 _____3,000 円

＊ 評価差損（借方残高）を表す場合には金額の前に△を付すこと。

問3

損 益 計 算 書 （単位：円）

| | | | |
|---|---|---|---|
| ⋮ | | | ⋮ |
| 税引前当期純利益 | | | 325,000 |
| 法人税、住民税及び事業税 | | 167,700 | |
| 法 人 税 等 調 整 額 | （ | △ 6,200） | （　161,500） |
| 当 期 純 利 益 | | | （　163,500） |

解説 ●

　資料のうち、受取配当金の益金不算入額は永久差異なので、税効果会計の対象となりません。

　また、貸借対照表上、繰延税金資産と繰延税金負債は相殺して表示します。

(1) 会計上の仕訳と税効果会計に関する仕訳

① 商品評価損

会計上：（商 品 評 価 損） ×× （商　　　　　　　品） ××

損益項目 →

税効果：（繰 延 税 金 資 産） 2,400 （法人税等調整額） 2,400*1

　　　＊1　6,000円×40％＝2,400円

② 貸倒引当金繰入

会計上：（貸 倒 引 当 金 繰 入） ×× （貸 倒 引 当 金） ××

損益項目 →

税効果：（繰 延 税 金 資 産） 800 （法 人 税 等 調 整 額） 800*2

　　　＊2　2,000円×40％＝800円

③ 減価償却費

　会計上：（減 価 償 却 費）　　22,500*3　（減価償却累計額）　　22,500

　　　　　　　┌─────────┐
　　　　　　　│　損益項目　│─────────────────→
　　　　　　　└─────────┘

　税効果：（繰 延 税 金 資 産）　　3,000　　（法 人 税 等 調 整 額）　　3,000*4

　　　　＊3　会計上の減価償却費：450,000円÷20年＝22,500円
　　　　＊4　税法上の減価償却費：450,000円÷30年＝15,000円
　　　　　　　法 人 税 等 調 整 額：(22,500円－15,000円)×40％＝3,000円

④ その他有価証券の評価差額

　会計上：（そ の 他 有 価 証 券）　　5,000*5　（その他有価証券評価差額金）　　5,000

　　　　　　　　　　　　　　┌─────────┐
　　　　　　　←─────────│　純資産項目　│
　　　　　　　　　　　　　　└─────────┘

　税効果：（その他有価証券評価差額金）　　2,000*6　（繰 延 税 金 負 債）　　2,000

　　　　＊5　45,000円－40,000円＝5,000円
　　　　＊6　5,000円×40％＝2,000円

(2) 解答の金額

① 繰延税金資産または繰延税金負債…問1

　3,000円　＋　2,400円　＋　800円　＋　3,000円　－　2,000円＝7,200円（固定資産）

　　期首　　　商品評価損　　貸倒引当金繰入　減価償却費　　その他有価証券
（繰延税金資産）（繰延税金資産）（繰延税金資産）（繰延税金資産）（繰延税金負債）

② その他有価証券評価差額金…問2

　5,000円－2,000円＝3,000円

③ 法人税等調整額…問3

　△2,400円＋△800円＋△3,000円＝△6,200円（貸方）

　商品評価損　貸倒引当金繰入　減価償却費

|   |   | 借　方　科　目 | 金　　　額 | 貸　方　科　目 | 金　　　額 |
|---|---|---|---|---|---|
| (1) | 本店 | 支　　　　店 | 10,000 | 現　　　　金 | 10,000 |
|     | 支店 | 現　　　　金 | 10,000 | 本　　　　店 | 10,000 |
| (2) | 本店 | 支　　　　店 | 20,000 | 売　掛　金 | 20,000 |
|     | 支店 | 現　　　　金 | 20,000 | 本　　　　店 | 20,000 |
| (3) | 本店 | 支　　　　店 | 48,000 | 支　店　へ　売　上 | 48,000*1 |
|     | 支店 | 本 店 よ り 仕 入 | 48,000 | 本　　　　店 | 48,000 |
| (4) | 本店 | 仕　　　　入 | 50,000 | 買　掛　金 | 50,000 |
|     |      | 支　　　　店 | 60,000 | 支　店　へ　売　上 | 60,000*2 |
|     | 支店 | 本 店 よ り 仕 入 | 60,000 | 本　　　　店 | 60,000 |
| (5) | 本店 | 支　　　　店 | 72,000 | 支　店　へ　売　上 | 72,000*3 |
|     | 支店 | 本 店 よ り 仕 入 | 72,000 | 本　　　　店 | 72,000 |
|     |      | 売　掛　金 | 90,000 | 売　　　　上 | 90,000 |

*1　40,000円×1.2＝48,000円
*2　50,000円×1.2＝60,000円
*3　90,000円×0.8＝72,000円

(1)

(A)　支店分散計算制度

|   | 借　方　科　目 | 金　　　額 | 貸　方　科　目 | 金　　　額 |
|---|---|---|---|---|
| 東京本店 | 仕　訳　な　し |  |  |  |
| 埼玉支店 | 横　浜　支　店 | 10,000 | 現　　　　金 | 10,000 |
| 横浜支店 | 現　　　　金 | 10,000 | 埼　玉　支　店 | 10,000 |

(B)　本店集中計算制度

|   | 借　方　科　目 | 金　　　額 | 貸　方　科　目 | 金　　　額 |
|---|---|---|---|---|
| 東京本店 | 横　浜　支　店 | 10,000 | 埼　玉　支　店 | 10,000 |
| 埼玉支店 | 本　　　　店 | 10,000 | 現　　　　金 | 10,000 |
| 横浜支店 | 現　　　　金 | 10,000 | 本　　　　店 | 10,000 |

(2)

(A) 支店分散計算制度

|  | 借　方　科　目 | 金　　額 | 貸　方　科　目 | 金　　額 |
|---|---|---|---|---|
| 東京本店 | 仕　訳　な　し | | | |
| 埼玉支店 | 横　浜　支　店 | 72,000 | 横浜支店へ売上 | 72,000* |
| 横浜支店 | 埼玉支店より仕入 | 72,000 | 埼　玉　支　店 | 72,000 |

\* 　60,000円 × 1.2 = 72,000円

(B) 本店集中計算制度

|  | 借　方　科　目 | 金　　額 | 貸　方　科　目 | 金　　額 |
|---|---|---|---|---|
| 東京本店 | 横　浜　支　店 | 72,000 | 埼　玉　支　店 | 72,000 |
| 埼玉支店 | 本　　　　　店 | 72,000 | 本店へ売上 | 72,000 |
| 横浜支店 | 本　店　よ　り　仕　入 | 72,000 | 本　　　　　店 | 72,000 |

解説 ........................................................●

　支店分散計算制度では、それぞれの支店において、各支店勘定を設けて処理します。一方、本店集中計算制度では、各支店の帳簿には本店勘定のみ設け、支店間で行われた取引は本支店間で行われた取引とみなして処理します。

　本店集中計算制度の仕訳の考え方は次のとおりです。

(1) 現金の送付（本店集中計算制度）
　① 埼玉支店
　　埼玉支店は東京本店に対して現金を送付したと仮定して仕訳をします。
　　（本　　　　　店）　　10,000　（現　　　　　金）　　10,000
　② 横浜支店
　　横浜支店は東京本店から現金を受け取ったと仮定して仕訳をします。
　　（現　　　　　金）　　10,000　（本　　　　　店）　　10,000
　③ 東京本店
　　東京本店は埼玉支店から現金を受け取り、横浜支店に現金を送付したと仮定して仕訳をします。

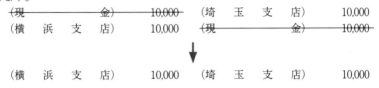

(2) 商品の送付（本店集中計算制度）
　① 埼玉支店
　　埼玉支店は東京本店に対して商品を売り上げたと仮定して仕訳をします。
　　（本　　　　　店）　72,000　（本 店 へ 売 上）　72,000
　② 横浜支店
　　横浜支店は東京本店から商品を仕入れたと仮定して仕訳をします。
　　（本 店 よ り 仕 入）　72,000　（本　　　　　店）　72,000
　③ 東京本店
　　東京本店は埼玉支店から商品を仕入れ、そのまま横浜支店に商品を送付したと仮定して
　仕訳をします。

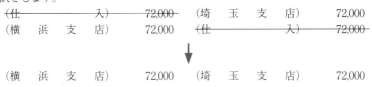

| （仕　　　　　　入） | 72,000 | （埼　玉　支　店） | 72,000 |
| （横　浜　支　店） | 72,000 | （仕　　　　　　入） | 72,000 |

↓

| （横　浜　支　店） | 72,000 | （埼　玉　支　店） | 72,000 |

**解答 26**

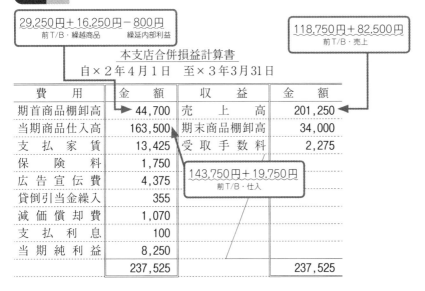

| 29,250円＋16,250円－800円 |
| 前T/B・繰越商品　　繰延内部利益 |

| 118,750円＋82,500円 |
| 前T/B・売上 |

### 本支店合併損益計算書
#### 自×2年4月1日　至×3年3月31日

| 費　　　　用 | 金　　額 | 収　　　　益 | 金　　額 |
|---|---|---|---|
| 期首商品棚卸高 | 44,700 | 売　　上　　高 | 201,250 |
| 当期商品仕入高 | 163,500 | 期末商品棚卸高 | 34,000 |
| 支　払　家　賃 | 13,425 | 受 取 手 数 料 | 2,275 |
| 保　　険　　料 | 1,750 | | |
| 広　告　宣　伝　費 | 4,375 | | |
| 貸倒引当金繰入 | 355 | | |
| 減　価　償　却　費 | 1,070 | | |
| 支　払　利　息 | 100 | | |
| 当　期　純　利　益 | 8,250 | | |
| | 237,525 | | 237,525 |

| 143,750円＋19,750円 |
| 前T/B・仕入 |

## 本支店合併貸借対照表
### ×3年3月31日

| 資　産 | 金　額 | | 負債・純資産 | 金　額 | |
|---|---|---|---|---|---|
| 現 金 預 金 | | ( 19,520) | 支 払 手 形 | | ( 20,225) |
| 受 取 手 形 | ( 19,000) | | 買 掛 金 | | ( 7,250) |
| 売 掛 金 | ( 17,000) | | 借 入 金 | | ( 7,500) |
| 貸倒引当金 | ( 1,800) | ( 34,200) | 未 払 費 用 | | ( 175) |
| 商 品 | | ( 34,000) | 資 本 金 | | ( 50,000) |
| 建 物 | ( 19,000) | | 繰越利益剰余金 | | ( 14,250) |
| 減価償却累計額 | ( 9,320) | ( 9,680) | | | |
| 備 品 | ( 4,750) | | | | 6,000円 + 8,250円 |
| 減価償却累計額 | ( 2,750) | ( 2,000) | | | 前T/B　当期純利益 |
| | | ( 99,400) | | | ( 99,400) |

---

**解説**

B/S…本支店合併貸借対照表　　P/L…本支店合併損益計算書

【決算整理事項】

(1) **期首商品棚卸高・期末商品棚卸高**

　　P/L　期首商品棚卸高：$\underset{\text{前T/B・繰越商品}}{29,250円 + 16,250円} - \underset{\text{繰延内部利益}}{800円} = 44,700円$

　　P/L　B/S　期末商品棚卸高：$\underset{\text{本店}}{21,750円} + \underset{\text{支店}}{13,125円} - \underset{\text{内部利益}}{875円^*} = 34,000円$

　　\* 支店の本店仕入分に含まれる内部利益：$9,625円 \times \dfrac{0.1}{1.1} = 875円$

(2) **貸倒引当金の設定**

　① **本店**

　　貸 倒 引 当 金：$(\underset{\text{受取手形}}{16,000円} + \underset{\text{売掛金}}{8,500円}) \times 5\% = 1,225円$

　　貸倒引当金繰入：$1,225円 - 1,020円 = 205円$

　　（貸 倒 引 当 金 繰 入）　　　　205　（貸 倒 引 当 金）　　　　205

　② **支店**

　　貸 倒 引 当 金：$(\underset{\text{受取手形}}{3,000円} + \underset{\text{売掛金}}{8,500円}) \times 5\% = 575円$

　　貸倒引当金繰入：$575円 - 425円 = 150円$

　　（貸 倒 引 当 金 繰 入）　　　　150　（貸 倒 引 当 金）　　　　150

　　B/S　貸 倒 引 当 金：$1,225円 + 575円 = 1,800円$

　　P/L　貸倒引当金繰入：$205円 + 150円 = 355円$

(3) 固定資産の減価償却
  ① 本店
  （減 価 償 却 費）　　　　　675　　　（建物減価償却累計額）　　375*1
  　　　　　　　　　　　　　　　　　　　（備品減価償却累計額）　　300*2

  ＊1　12,500円×0.9÷30年＝375円
  ＊2　（3,000円－1,500円）×20％＝300円
  ② 支店
  （減 価 償 却 費）　　　　　395　　　（建物減価償却累計額）　　195*3
  　　　　　　　　　　　　　　　　　　　（備品減価償却累計額）　　200*4

  ＊3　6,500円×0.9÷30年＝195円
  ＊4　（1,750円－750円）×20％＝200円
  P/L　減 価 償 却 費：675円＋395円＝1,070円
  B/S　建物減価償却累計額：6,250円＋2,500円＋375円＋195円＝9,320円
  　　　　　　　　　　　　　　前T/B

  B/S　備品減価償却累計額：1,500円＋750円＋300円＋200円＝2,750円
  　　　　　　　　　　　　　　前T/B

(4) 費用の未払い
  ① 本店
  （支 払 家 賃）　　　　　　75　　　（未 払 費 用）　　　　　　75
  ② 支店
  （支 払 家 賃）　　　　　 100　　　（未 払 費 用）　　　　　 100
  P/L　支払家賃：7,625円＋5,625円＋75円＋100円＝13,425円
  　　　　　　　　前T/B

  B/S　未払費用：75円＋100円＝175円

解答 27

(A) 本支店合併損益計算書

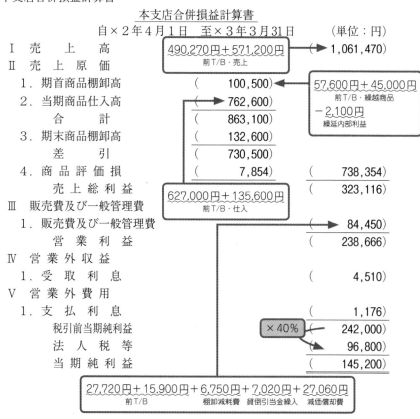

本支店合併損益計算書
自×2年4月1日　至×3年3月31日　（単位：円）

| Ⅰ | 売　　上　　高 | | 490,270円＋571,200円 前T/B・売上 | →（ 1,061,470） |
|---|---|---|---|---|
| Ⅱ | 売　上　原　価 | | | |
| | 1．期首商品棚卸高 | （ 100,500） | ← 57,600円＋45,000円 前T/B・繰越商品 −2,100円 繰延内部利益 | |
| | 2．当期商品仕入高 | →（ 762,600） | | |
| | 合　　　計 | （ 863,100） | | |
| | 3．期末商品棚卸高 | （ 132,600） | | |
| | 差　　　引 | （ 730,500） | | |
| | 4．商品評価損 | （ 7,854） | | （ 738,354） |
| | 売　上　総　利　益 | 627,000円＋135,600円 前T/B・仕入 | | （ 323,116） |
| Ⅲ | 販売費及び一般管理費 | | | |
| | 1．販売費及び一般管理費 | | →（ 84,450） | |
| | 営　業　利　益 | | | （ 238,666） |
| Ⅳ | 営　業　外　収　益 | | | |
| | 1．受　取　利　息 | | （ 4,510） | |
| Ⅴ | 営　業　外　費　用 | | | |
| | 1．支　払　利　息 | | （ 1,176） | |
| | 税引前当期純利益 | ×40% | ←（ 242,000） | |
| | 法　人　税　等 | | → 96,800） | |
| | 当　期　純　利　益 | | （ 145,200） | |

27,720円＋15,900円＋6,750円＋7,020円＋27,060円
前T/B　　棚卸減耗費　貸倒引当金繰入　減価償却費

(B) 本支店合併貸借対照表の金額

商　　　　　品　　　117,996円　　　備品減価償却累計額　　　98,160円

---

解説 ························································································●

B/S…本支店合併貸借対照表　　　P/L…本支店合併損益計算書

54

**【決算整理事項】**
  (1) 期末商品の評価
    ① 本店

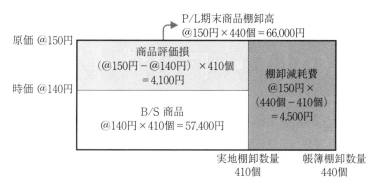

    ② 支店 (外部仕入分)

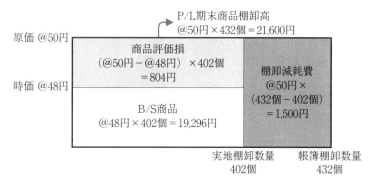

    ③ 支店 (本店仕入分)

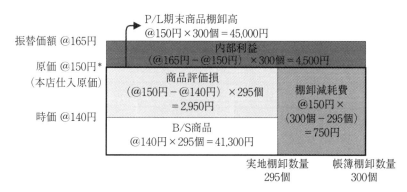

    ＊@165円÷1.1＝@150円

P/L 期末商品棚卸高：66,000円＋21,600円＋45,000円＝132,600円
　　　　　　　　　　　　　本店　　　　　　支店

P/L 棚卸減耗費：4,500円＋1,500円＋750円＝6,750円
　　　　　　　　　　　本店　　　　支店

P/L 商品評価損：4,100円＋804円＋2,950円＝7,854円
　　　　　　　　　　　本店　　　支店

B/S 商　　品：57,400円＋19,296円＋41,300円＝117,996円
　　　　　　　　　本店　　　　支店

## (2) 貸倒引当金の設定

### ① 本店

貸倒引当金：(156,000円＋275,600円)×2％＝8,632円
　　　　　　　　受取手形　　売掛金

貸倒引当金繰入：8,632円－4,560円＝4,072円

（貸 倒 引 当 金 繰 入）　　　4,072　（貸　倒　引　当　金）　　　4,072

### ② 支店

貸倒引当金：(82,800円＋226,600円)×2％＝6,188円
　　　　　　　　受取手形　　売掛金

貸倒引当金繰入：6,188円－3,240円＝2,948円

（貸 倒 引 当 金 繰 入）　　　2,948　（貸　倒　引　当　金）　　　2,948

P/L 貸倒引当金繰入：4,072円＋2,948円＝7,020円

## (3) 固定資産の減価償却

### ① 本店

（減　価　償　却　費）　　　17,760　（建物減価償却累計額）　　7,200＊1
　　　　　　　　　　　　　　　　　　　（備品減価償却累計額）　10,560＊2

＊1　240,000円×0.9÷30年＝7,200円

＊2　(96,000円－43,200円)×20％＝10,560円

### ② 支店

（減　価　償　却　費）　　　9,300　（建物減価償却累計額）　　5,400＊3
　　　　　　　　　　　　　　　　　　（備品減価償却累計額）　3,900＊4

＊3　180,000円×0.9÷30年＝5,400円

＊4　(60,000円－40,500円)×20％＝3,900円

P/L 減　価　償　却　費：17,760円＋9,300円＝27,060円

B/S 備品減価償却累計額：43,200円＋40,500円＋10,560円＋3,900円＝98,160円
　　　　　　　　　　　　　　　　前T/B

解答 28

(A) 損益勘定

① 本店

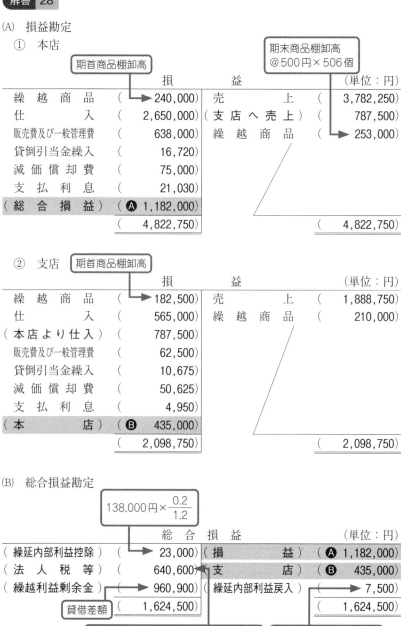

期首商品棚卸高

期末商品棚卸高
@500円×506個

| 損 | | 益 | | （単位：円） |
|---|---|---|---|---|
| 繰 越 商 品 | ( 240,000) | 売　　　　上 | ( | 3,782,250) |
| 仕　　　入 | ( 2,650,000) | （ 支 店 へ 売 上 ） | ( | 787,500) |
| 販売費及び一般管理費 | ( 638,000) | 繰 越 商 品 | ( | 253,000) |
| 貸倒引当金繰入 | ( 16,720) | | | |
| 減 価 償 却 費 | ( 75,000) | | | |
| 支 払 利 息 | ( 21,030) | | | |
| （ 総 合 損 益 ） | (Ⓐ 1,182,000) | | | |
| | ( 4,822,750) | | ( | 4,822,750) |

② 支店　期首商品棚卸高

| 損 | | 益 | | （単位：円） |
|---|---|---|---|---|
| 繰 越 商 品 | ( 182,500) | 売　　　　上 | ( | 1,888,750) |
| 仕　　　入 | ( 565,000) | 繰 越 商 品 | ( | 210,000) |
| （ 本 店 よ り 仕 入 ） | ( 787,500) | | | |
| 販売費及び一般管理費 | ( 62,500) | | | |
| 貸倒引当金繰入 | ( 10,675) | | | |
| 減 価 償 却 費 | ( 50,625) | | | |
| 支 払 利 息 | ( 4,950) | | | |
| （ 本　　　　　店 ） | (Ⓑ 435,000) | | | |
| | ( 2,098,750) | | ( | 2,098,750) |

(B) 総合損益勘定

$138,000円 \times \dfrac{0.2}{1.2}$

| 総 合 損 益 | | | | （単位：円） |
|---|---|---|---|---|
| （ 繰延内部利益控除 ） | ( 23,000) | （ 損　　　　　益 ） | (Ⓐ | 1,182,000) |
| （ 法 人 税 等 ） | ( 640,600) | （ 支　　　　　店 ） | (Ⓑ | 435,000) |
| （ 繰越利益剰余金 ） | ( 960,900) | （ 繰延内部利益戻入 ） | ( | 7,500) |
| 貸借差額 ( 1,624,500) | | | ( | 1,624,500) |

（1,624,500円－23,000円）×40%

前T/B　繰延内部利益

(C) 次期に繰り越すべき支店勘定および本店勘定の金額

支 店 勘 定 <u>1,460,000 円</u>*　　　本 店 勘 定 <u>1,160,000 円</u>*

*　1,025,000 円 ＋ 435,000 円 ＝ 1,460,000 円
　　　　前 T/B　　　　支店の当期純利益

---

**解説**　...............................................................●

## 1. 決算整理事項

(1) 期末商品（繰越商品）の評価

本店：＠500 円 × 506 個 ＝ 253,000 円

支店：210,000 円

(2) 貸倒引当金の設定

本店：（貸 倒 引 当 金 繰 入）　　16,720*1　（貸 倒 引 当 金）　　16,720

*1　(486,000 円 ＋ 1,300,000 円) × 2％ － 19,000 円 ＝ 16,720 円
　　　　受取手形　　　　売掛金　　　　　　　　貸倒引当金

支店：（貸 倒 引 当 金 繰 入）　　10,675*2　（貸 倒 引 当 金）　　10,675

*2　(450,000 円 ＋ 758,750 円) × 2％ － 13,500 円 ＝ 10,675 円
　　　　受取手形　　　　売掛金　　　　　　　　貸倒引当金

(3) 減価償却費の計上

本店：（減 価 償 却 費）　　75,000　（建物減価償却累計額）　　30,000*1
　　　　　　　　　　　　　　　　　　　（備品減価償却累計額）　　45,000*2

*1　1,000,000 円 × 0.9 ÷ 30 年 ＝ 30,000 円

*2　360,000 円 ÷ 8 年 ＝ 45,000 円

支店：（減 価 償 却 費）　　50,625　（建物減価償却累計額）　　22,500*3
　　　　　　　　　　　　　　　　　　　（備品減価償却累計額）　　28,125*4

*3　750,000 円 × 0.9 ÷ 30 年 ＝ 22,500 円

*4　225,000 円 ÷ 8 年 ＝ 28,125 円

## 2. 決算振替仕訳

(1) 本店の当期純損益の振替え

損益勘定の貸借差額で計算した当期純損益を総合損益勘定に振り替えます。

本店：（損　　　　　益）　1,182,000　（総 合 損 益）　1,182,000

(2) 支店の当期純損益の振替え

損益勘定の貸借差額で計算した当期純損益を本店の総合損益勘定に振り替えます。

支店：（損　　　　　益）　　435,000　（本　　　　店）　　435,000

本店：（支　　　　店）　　435,000　（総 合 損 益）　　435,000

(3) 繰延内部利益の戻入れ・控除

① 期首棚卸商品に含まれる内部利益（＝前 T/B 繰延内部利益）の戻入れ

（繰 延 内 部 利 益）　　7,500　（繰 延 内 部 利 益 戻 入）　　7,500

（繰 延 内 部 利 益 戻 入）　　7,500　（総 合 損 益）　　7,500

② 期末棚卸商品に含まれる内部利益の控除

| （繰延内部利益控除） | 23,000* | （繰 延 内 部 利 益） | 23,000 |
| （総 合 損 益） | 23,000 | （繰延内部利益控除） | 23,000 |

 *   $138,000\,円 \times \dfrac{0.2}{1.2} = 23,000\,円$

(4) 法人税等の計上

 総合損益勘定の貸借差額で税引前当期純利益を計算し、税率を掛けて法人税等を計上します。

貸 借 対 照 表
×2年3月31日 (単位：円)

| 借 方 科 目 | 金 額 | 貸 方 科 目 | 金 額 |
|---|---|---|---|
| 現　　　　　金 CR | 229,690 *1 | 買　　掛　　金 CR | 61,800 *7 |
| 売　　掛　　金 CR | 154,500 *2 | 長 期 借 入 金 CR | 113,300 *8 |
| 商　　　　　品 仕入時 | 132,600 *3 | 本　　　　　店 送金時 | 1,000,000 *9 |
| 短 期 貸 付 金 CR | 123,600 *4 | 当 期 純 利 益 | 33,690 |
| 建　　　　　物 購入時 | 588,000 *5 | | |
| 減価償却累計額 購入時 | △19,600 *6 | | 貸借差額 |
| | 1,208,790 | | 1,208,790 |

損 益 計 算 書
自×1年4月1日　至×2年3月31日 (単位：円)

| 借 方 科 目 | 金 額 | 貸 方 科 目 | 金 額 |
|---|---|---|---|
| 売 上 原 価 仕入時 | 265,200 *10 | 売　　上　　高 売上時 | 374,220 *13 |
| 減 価 償 却 費 購入時 | 19,600 *11 | その他の収益 AR | 30,300 *14 |
| その他の費用 AR | 95,950 *12 | 為　替　差　益 | 9,920 |
| 当 期 純 利 益 | 33,690 | | 貸借差額 |
| | 414,440 | | 414,440 |

* 1　2,230ドル×103円 = 229,690円
* 2　1,500ドル×103円 = 154,500円
* 3　1,300ドル×102円 = 132,600円
* 4　1,200ドル×103円 = 123,600円
* 5　6,000ドル×98円 = 588,000円
* 6　200ドル×98円 = 19,600円
* 7　600ドル×103円 = 61,800円
* 8　1,100ドル×103円 = 113,300円
* 9　10,000ドル×100円 = 1,000,000円
* 10　2,600ドル×102円 = 265,200円
* 11　200ドル×98円 = 19,600円
* 12　950ドル×101円 = 95,950円
* 13　3,780ドル×99円 = 374,220円
* 14　300ドル×101円 = 30,300円

期首商品はないので、すべて当期仕入分から売り上げたことになります。したがって、仕入計上時の為替相場で換算します。

(A) 間接法

<u>キャッシュ・フロー計算書</u>　　（単位：円）

営業活動によるキャッシュ・フロー

| | | |
|---|---:|---|
| 税引前当期純利益 | （ 9,560 | ） |
| 減価償却費 | （ 3,280 | ） |
| 貸倒引当金の増減額（△は減少） | （ 40 | ） |
| 受取利息・配当金 | （ △ 320 | ） |
| 有価証券売却損益（△は益） | （ △ 400 | ） |
| 支払利息 | （ 480 | ） |
| 固定資産売却損益（△は益） | （ 800 | ） |
| 売上債権の増減額（△は増加） | （ △ 800 | ） |
| 棚卸資産の増減額（△は増加） | （ 1,800 | ） |
| 前払費用の増減額（△は増加） | （ △ 80 | ） |
| 仕入債務の増減額（△は減少） | （ 800 | ） |
| 　　小　　　　　計 | （ 15,160 | ） |
| 利息及び配当金の受取額 | （ 320 | ） |
| 利息の支払額 | （ △ 480 | ） |
| 法人税等の支払額 | （ △ 3,400 | ） |
| 営業活動によるキャッシュ・フロー | （ 11,600 | ） |

投資活動によるキャッシュ・フロー

| | | |
|---|---:|---|
| 有価証券の取得による支出 | （ △ 640 | ） |
| 有価証券の売却による収入 | （ 2,800 | ） |
| 有形固定資産の取得による支出 | （ △12,000 | ） |
| 有形固定資産の売却による収入 | （ 7,200 | ） |
| 貸付けによる支出 | （ △ 240 | ） |
| 貸付金の回収による収入 | （ 640 | ） |
| 投資活動によるキャッシュ・フロー | （ △ 2,240 | ） |

財務活動によるキャッシュ・フロー

| | | |
|---|---:|---|
| 借入れによる収入 | （ 1,600 | ） |
| 借入金の返済による支出 | （ △ 3,200 | ） |
| 株式の発行による収入 | （ 800 | ） |
| 配当金の支払額 | （ △ 2,400 | ） |
| 財務活動によるキャッシュ・フロー | （ △ 3,200 | ） |
| 現金及び現金同等物の増減額（△は減少） | （ 6,160 | ） |
| 現金及び現金同等物の期首残高 | （ 10,800 | ） |
| 現金及び現金同等物の期末残高 | （ 16,960 | ） |

(B) 直接法

キャッシュ・フロー計算書 　　（単位：円）

営業活動によるキャッシュ・フロー

| | |
|---|---:|
| 営 業 収 入 | ( 53,600) |
| 商品の仕入れによる支出 | ( △32,600) |
| 人 件 費 の 支 出 | ( △ 4,800) |
| そ の 他 の 営 業 支 出 | ( △ 1,040) |
| 小 計 | ( 15,160) |
| 利息及び配当金の受取額 | ( 320) |
| 利 息 の 支 払 額 | ( △ 480) |
| 法 人 税 等 の 支 払 額 | ( △ 3,400) |
| 営業活動によるキャッシュ・フロー | ( 11,600) |

解説 ⋯⋯⋯⋯⋯⋯⋯⋯⋯⋯⋯⋯⋯⋯⋯⋯⋯⋯⋯⋯⋯⋯⋯⋯⋯⋯⋯⋯⋯⋯⋯●

(A) 間接法によるキャッシュ・フロー計算書

(1) 営業活動によるキャッシュ・フロー

① 売上債権（売掛金）の増加額

6,400円 − 5,600円 = 800円 → キャッシュ・フローはマイナス

② 棚卸資産（商品）の減少額

3,000円 − 4,800円 = △1,800円 → キャッシュ・フローはプラス

③ 前払費用（前払営業費）の増加額

160円 − 80円 = 80円 → キャッシュ・フローはマイナス

④ 仕入債務（買掛金）の増加額

3,200円 − 2,400円 = 800円 → キャッシュ・フローはプラス

⑤ 法人税等の支払額

ア．前期末（期首）未払い → 当期に支出

イ．当期末（期末）未払い → 次期に支出

ウ．当期支払額：3,800円 + 1,600円 − 2,000円 = 3,400円

　　　　　　　　当期法人税等　期首未払　　期末未払

未払法人税等

| 支出 当期支払 3,400円【貸借差額】 | 期首未払 1,600円 |
|---|---|
| | 当期法人税等 3,800円 【P/L】 |
| 期末未払 2,000円 | |

(2) 投資活動によるキャッシュ・フロー

① 有価証券　　　　　　　　　② 有形固定資産

有　価　証　券

| 期首<br>3,200円 | 当期売却<br>2,400円<br>【帳簿価額】 |
| 支出 当期取得<br>640円<br>【貸借差額】 | 期末<br>1,440円 |

有形固定資産

| 期首<br>24,000円 | 当期売却<br>9,600円<br>【取得原価】 |
| 支出 当期取得<br>12,000円<br>【貸借差額】 | 期末<br>26,400円 |

③ 貸付金

貸　付　金

| 期首<br>800円 | 当期回収<br>640円 収入 |
| 支出 当期貸付<br>240円<br>【貸借差額】 | 期末<br>400円 |

(3) 財務活動によるキャッシュ・フロー

① 借入金

借　入　金

| 支出 当期返済<br>3,200円 | 期首<br>5,600円 |
| | 当期借入<br>1,600円 収入<br>【貸借差額】 |
| 期末<br>4,000円 | |

② 株式の発行による収入・・・［資料２］(6)より800円

(B) 直接法によるキャッシュ・フロー計算書
 ① 営業収入

売　　掛　　金

| 期首<br>5,600円 | 当期回収<br>53,600円 収入<br>【貸借差額】 |
|---|---|
| 当期売上<br>54,400円 | 期末<br>6,400円 |

 ② 商品の仕入れによる支出

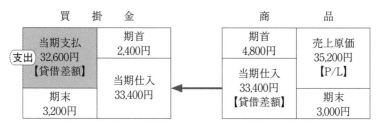

買　　掛　　金

| 当期支払 支出<br>32,600円<br>【貸借差額】 | 期首<br>2,400円 |
|---|---|
| 期末<br>3,200円 | 当期仕入<br>33,400円 |

商　　　　品

| 期首<br>4,800円 | 売上原価<br>35,200円<br>【P/L】 |
|---|---|
| 当期仕入<br>33,400円<br>【貸借差額】 | 期末<br>3,000円 |

 ③ 人件費の支出
　 前払給料、未払給料等がないので、損益計算書の給料・賞与の金額が人件費の支出となります。
 ④ その他の営業支出（その他の営業費）
　 ア．前期末（期首）前払い → 前期に支出
　 イ．当期末（期末）前払い → 当期に支出
　 ウ．当期支払額：960円 + 160円 − 80円 = 1,040円
　　　　　　　　　　当期発生　期末前払　期首前払

その他の営業費

| 期首前払<br>80円 | 期末前払<br>160円 |
|---|---|
| 当期支払 支出<br>1,040円<br>【貸借差額】 | 当期発生<br>960円<br>【P/L】 |

(A) 間接法

キャッシュ・フロー計算書 （単位：円）

営業活動によるキャッシュ・フロー

| | |
|---|---:|
| 税 引 前 当 期 純 利 益 | （　35,920） |
| 減 価 償 却 費 | （　13,120） |
| 貸倒引当金の増減額(△は減少) | （　　　80） |
| 受 取 利 息 ・ 配 当 金 | （　△ 1,280） |
| 有価証券売却損益(△は益) | （　△ 1,600） |
| 支 払 利 息 | （　1,920） |
| 有価証券評価損益(△は益) | （　　640） |
| 為 替 差 損 益( △ は 益 ) | （　　960） |
| 固定資産売却損益(△は益) | （　2,880） |
| 売上債権の増減額(△は増加) | （　△ 6,320） |
| 棚卸資産の増減額(△は増加) | （　7,200） |
| 前払費用の増減額(△は増加) | （　△　320） |
| 仕入債務の増減額(△は減少) | （　△ 3,200） |
| 未払費用の増減額(△は減少) | （　　160） |
| 小 計 | （　50,160） |
| 利息及び配当金の受取額 | （　1,600） |
| 利 息 の 支 払 額 | （　△ 2,240） |
| 法 人 税 等 の 支 払 額 | （　△12,900） |
| 営業活動によるキャッシュ・フロー | （　36,620） |

(B) 直接法

キャッシュ・フロー計算書 （単位：円）

営業活動によるキャッシュ・フロー

| | |
|---|---:|
| 営　業　収　入 | （　　210,960） |
| 商品の仕入れによる支出 | （　△137,600） |
| 人　件　費　の　支　出 | （　△ 19,040） |
| その他の営業支出 | （　△　4,160） |
| 小　　　　計 | （　　50,160） |
| 利息及び配当金の受取額 | （　　1,600） |
| 利　息　の　支　払　額 | （　△　2,240） |
| 法　人　税　等　の　支　払　額 | （　△ 12,900） |
| 営業活動によるキャッシュ・フロー | （　　36,620） |

投資活動によるキャッシュ・フロー

| | |
|---|---:|
| 有価証券の取得による支出 | （　△　3,200） |
| 有価証券の売却による収入 | （　　11,200） |
| 有形固定資産の取得による支出 | （　△ 48,000） |
| 有形固定資産の売却による収入 | （　　28,800） |
| 貸付けによる支出 | （　△　960） |
| 貸付金の回収による収入 | （　　2,560） |
| 投資活動によるキャッシュ・フロー | （　△　9,600） |

財務活動によるキャッシュ・フロー

| | |
|---|---:|
| 短期借入れによる収入 | （　　16,000） |
| 短期借入金の返済による支出 | （　△ 22,400） |
| 長期借入れによる収入 | （　　23,440） |
| 長期借入金の返済による支出 | （　△ 22,800） |
| 株式の発行による収入 | （　　3,200） |
| 配　当　金　の　支　払　額 | （　△　9,600） |
| 財務活動によるキャッシュ・フロー | （　△ 12,160） |
| 現金及び現金同等物に係る換算差額 | （　△　960） |
| 現金及び現金同等物の増減額（△は減少） | （　　13,900） |
| 現金及び現金同等物の期首残高 | （　　43,200） |
| 現金及び現金同等物の期末残高 | （　　57,100） |

解説 ……………………………………………………………………………………●

(A) 間接法によるキャッシュ・フロー計算書

　棚卸減耗費は非資金損益項目ですが、棚卸資産の増減額で調整するため、税引前当期純利益に加算しません。

　また、受取利息や支払利息は営業損益計算の対象とならない項目なので、未収利息や未払

利息の増減額は税引前当期純利益に加減しません。

(1)　営業活動によるキャッシュ・フロー
　①　税引前当期純利益
　　　21,420円 + 14,500円 = 35,920円
　　　　当期純利益　　　法人税等

　②　売上債権（受取手形、売掛金）の増加額
　　　（19,200円 + 25,520円）－（16,000円 + 22,400円）= 6,320円
　　　　期末受取手形＋売掛金　　　　期首受取手形＋売掛金

　　　　　　　　　　　　　　　　　　→ キャッシュ・フローはマイナス

　③　棚卸資産（商品）の減少額
　　　12,000円 － 19,200円 = △7,200円 → キャッシュ・フローはプラス

　④　前払費用（前払営業費）の増加額
　　　640円 － 320円 = 320円 → キャッシュ・フローはマイナス

　⑤　仕入債務（支払手形、買掛金）の減少額
　　　（9,600円 + 12,800円）－（16,000円 + 9,600円）= △3,200円
　　　　期末支払手形＋買掛金　　　　期首支払手形＋買掛金

　　　　　　　　　　　　　　　　　→ キャッシュ・フローはマイナス

　⑥　未払費用（未払給料）の増加額
　　　480円 － 320円 = 160円 → キャッシュ・フローはプラス

　⑦　利息及び配当金の受取額
　　　ア．前期末（期首）未収 → 当期に収入
　　　イ．当期末（期末）未収 → 次期に収入
　　　ウ．当期受取額：1,280円 + 640円 － 320円 = 1,600円
　　　　　　　　　　　当期発生　期首未収　期末未収

受取利息・配当金

⑧　利息の支払額

　　ア．前期末（期首）未払い → 当期に支出

　　イ．当期末（期末）未払い → 次期に支出

　　ウ．当期支払額：1,920円＋960円－640円＝2,240円
　　　　　　　　　　　　当期発生　期首未払　期末未払

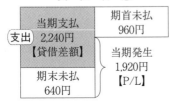

　　　　　　　　　支　払　利　息

⑨　法人税等の支払額

　　ア．前期末（期首）未払い → 当期に支出

　　イ．当期末（期末）未払い → 次期に支出

　　ウ．当期支払額：14,500円＋6,400円－8,000円＝12,900円
　　　　　　　　　　　　当期法人税等　期首未払　　期末未払

　　　　　　　　　未 払 法 人 税 等

| 支出 当期支払<br>12,900円<br>【貸借差額】 | 期首未払<br>6,400円 |
| 期末未払<br>8,000円 | 当期法人税等<br>14,500円<br>【P/L】 |

(B) 直接法によるキャッシュ・フロー計算書
(1) 営業活動によるキャッシュ・フロー
① 営業収入

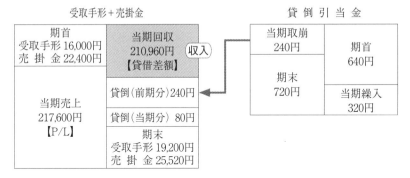

受取手形＋売掛金

| 期首 受取手形 16,000円 売 掛 金 22,400円 | 当期回収 210,960円 【貸借差額】 |
|---|---|
| 当期売上 217,600円 【P/L】 | 貸倒（前期分）240円 |
|  | 貸倒（当期分）80円 |
|  | 期末 受取手形 19,200円 売 掛 金 25,520円 |

貸 倒 引 当 金

| 当期取崩 240円 | 期首 640円 |
|---|---|
| 期末 720円 | 当期繰入 320円 |

② 商品の仕入れによる支出

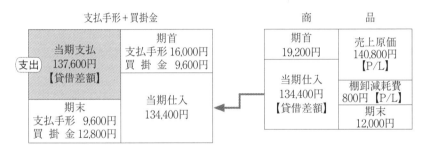

支払手形＋買掛金

| 当期支払 137,600円 【貸借差額】 | 期首 支払手形 16,000円 買 掛 金 9,600円 |
|---|---|
| 期末 支払手形 9,600円 買 掛 金 12,800円 | 当期仕入 134,400円 |

商　　品

| 期首 19,200円 | 売上原価 140,800円 【P/L】 |
|---|---|
| 当期仕入 134,400円 【貸借差額】 | 棚卸減耗費 800円 【P/L】 |
|  | 期末 12,000円 |

③ 人件費の支出（給料・賞与手当）
ア．前期末（期首）未払い → 当期に支出
イ．当期末（期末）未払い → 次期に支出
ウ．当期支払額：19,200円 ＋ 320円 － 480円 ＝ 19,040円
　　　　　　　　当期発生　　期首未払　　期末未払

給料・賞与手当

| 当期支払 19,040円 【貸借差額】 | 期首未払 320円 |
|---|---|
| 期末未払 480円 | 当期発生 19,200円 【P/L】 |

69

④ その他の営業支出（その他の営業費用）

ア．前期末（期首）前払い → 前期に支出

イ．当期末（期末）前払い → 当期に支出

ウ．当期支払額：3,840円 − 320円 + 640円 = 4,160円
　　　　　　　　　　　当期発生　　期首前払　期末前払

その他の営業費

| 期首前払<br>320円 | 期末前払<br>640円 |
|---|---|
| 支出 当期支払<br>4,160円<br>【貸借差額】 | 当期発生<br>3,840円<br>【P/L】 |

(2) 投資活動によるキャッシュ・フロー

① 有価証券

有　価　証　券

| 期首<br>12,800円 | 当期売却<br>9,600円<br>【帳簿価額】 |
|---|---|
| 当期取得<br>支出 3,200円<br>【貸借差額】 | 評価損<br>640円【P/L】 |
| | 期末<br>5,760円 |

② 有形固定資産

有 形 固 定 資 産

| 期首<br>96,000円 | 当期売却<br>38,400円<br>【取得原価】 |
|---|---|
| 当期取得<br>支出 48,000円<br>【貸借差額】 | 期末<br>105,600円 |

③ 長期貸付金

長 期 貸 付 金

| 期首<br>3,200円 | 当期回収<br>2,560円 収入 |
|---|---|
| 当期貸付<br>支出 960円<br>【貸借差額】 | 期末<br>1,600円 |

(3) 財務活動によるキャッシュ・フロー

① 短期借入金

短期借入金は決算日の翌日から起算して1年以内に返済する借入金なので、前期末残高22,400円が当期に返済した金額、当期末残高16,000円が当期に借り入れた金額となります。

② 長期借入金

長 期 借 入 金

③ 株式の発行による収入…［資料2］(6)より3,200円

**解答** 32

|  | ○または× | ×の場合の理由 |
|---|---|---|
| (1) | × | 現金のみでなく、現金同等物も含む。 |
| (2) | × | これ以外に受取利息、受取配当金、支払利息は「営業活動によるキャッシュ・フロー」の区分に記載し、支払配当金は「財務活動によるキャッシュ・フロー」の区分に記載することもできる。 |
| (3) | ○ | |

# ●さくいん

一時差異 ……………………… 79
永久差異 ……………………… 79
益金 …………………………… 76
オプション取引 ………………… 2

課税所得 ……………………… 76
貨幣項目 ……………………… 37
為替予約 ……………………… 54
キャッシュ・フロー計算書 ……… 152
金利スワップ取引 ……………… 11
繰延ヘッジ …………………… 16
繰延法 ………………………… 82
現金同等物 …………………… 154

先物取引 ……………………… 2
時価ヘッジ …………………… 21
直先差額 ……………………… 60
直直差額 ……………………… 60
資産負債法 …………………… 82
支店独立会計制度 …………… 112
支店分散計算制度 …………… 118
将来加算一時差異 …………… 86
将来減算一時差異 …………… 86
スワップ取引 …………………… 2

税効果会計 …………………… 76
損金 …………………………… 76

積立金方式による圧縮記帳 ……… 96
デリバティブ取引 ……………… 2
独立処理 ……………………… 63

非貨幣項目 …………………… 37
非資金損益項目 ……………… 160
振当処理 ……………………… 54
ヘッジ会計 …………………… 15
ヘッジ取引 …………………… 15
法人税等調整額 ……………… 80
本支店会計 …………………… 112
本店集中会計制度 …………… 112
本店集中計算制度 …………… 119

予定取引 ……………………… 67
予約レート …………………… 54

【著 者】

# 滝澤ななみ（たきざわ・ななみ）

簿記、ＦＰ、宅建士など多くの資格書を執筆している。主な著書は
『スッキリわかる日商簿記』１〜３級（15年連続全国チェーン売上第
１位[1]）、『みんなが欲しかった！簿記の教科書・問題集』日商２・
３級、『みんなが欲しかった！ＦＰの教科書』２・３級（10年連続売
上第１位[2]）、『みんなが欲しかった！ＦＰの問題集』２・３級など。
※１　紀伊國屋書店PubLine/三省堂書店/丸善ジュンク堂書店　2009年１月〜2023
　　　年12月（各社調べ、50音順）
※２　紀伊國屋書店PubLine調べ　2014年１月〜2023年12月

〈ブログ〉『滝澤ななみ　簿記とか、FPとか・・・書いて☑』
URL：http://takizawa773.blog.jp/

・装丁：Nakaguro Graph（黒瀬章夫）

スッキリわかるシリーズ

スッキリわかる　日商簿記1級　商業簿記・会計学Ⅲ
　　　　　その他の個別論点・本支店・C/F編　第6版

| | | |
|---|---|---|
| 2009年３月10日 | 初　版 | 第１刷発行 |
| 2021年11月24日 | 第６版 | 第１刷発行 |
| 2024年９月13日 | | 第３刷発行 |

| | | |
|---|---|---|
| 著　　者 | 滝　澤　な　な　み | |
| 発　行　者 | 多　田　敏　男 | |
| 発　行　所 | TAC株式会社　出版事業部 | |
| | （TAC出版） | |

〒101-8383
東京都千代田区神田三崎町3-2-18
電　話　03（5276）9492（営業）
FAX　03（5276）9674
https://shuppan.tac-school.co.jp

| | |
|---|---|
| イラスト | 佐　藤　雅　則 |
| 印　　刷 | 株式会社　ワ　コ　ー |
| 製　　本 | 東京美術紙工協業組合 |

© Nanami Takizawa 2021　　　Printed in Japan

ISBN 978-4-8132-9923-3
N.D.C. 336

# 簿記検定講座のご案内

## 選べる学習メディアでご自身に合うスタイルでご受講ください!

### 通学講座　3級コース　3・2級コース　2級コース　1級コース　1級上級コース

 **教室講座** 通って学ぶ

定期的な日程で通学する学習スタイル。常に講師と接することができるという教室講座の最大のメリットがあります。疑問点はその日のうちに解決できます。また、勉強仲間との情報交換も積極的に行えるのが特徴です。

**ビデオブース講座** 通って学ぶ / 予約制

ご自身のスケジュールに合わせて、TACのビデオブースで学習するスタイル。日程を自由に設定できるため、忙しい社会人に人気の講座です。

**直前期教室出席制度**
直前期以降、教室受講に振り替えることができます。

| 無料体験入学 | ご自身の目で、耳で体験し納得してご入学いただくために、無料体験入学をご用意しました。 |
| 無料講座説明会 | もっとTACのことを知りたいという方は、無料講座説明会にご参加ください。 |

**無　料**
**予約不要※**

※ビデオブース講座の無料体験入学は要予約。
無料講座説明会は一部校舎では要予約。

---

### 通信講座　3級コース　3・2級コース　2級コース　1級コース　1級上級コース

 **Web通信講座** スマホやタブレットにも対応 / 見て学ぶ

教室講座の生講義をブロードバンドを利用し動画で配信します。ご自身のペースに合わせて、24時間いつでも何度でも繰り返し受講することができます。また、講義動画はダウンロードして2週間視聴可能です。有効期間内は何度でもダウンロード可能です。
※Web通信講座の配信期間は、お申込コースの目標月の翌月末までです。

**TAC WEB SCHOOL ホームページ**
**URL** https://portal.tac-school.co.jp/
※お申込み前に、左記のサイトにて必ず動作環境をご確認ください。

  **DVD通信講座** 見て学ぶ

講義を収録したデジタル映像をご自宅にお届けします。講義の臨場感をクリアな画像でご自宅にて再現することができます。
※DVD-Rメディア対応のDVDプレーヤーでのみ受講が可能です。
パソコンやゲーム機での動作保証はいたしておりません。

**資料通信講座**（1級のみ）

テキスト・添削問題を中心として学習します。

Webでも無料配信中! スマホ タブレット パソコン
「**TAC動画チャンネル**」

● **講座説明会**　※収録内容の変更のため、配信されない期間が生じる場合がございます。
● **1回目の講義（前半分）が視聴できます**

詳しくは、TACホームページ
「TAC動画チャンネル」をクリック!

TAC動画チャンネル　簿記　| 検索 |

---

## 簿記検定講座

お手持ちの教材がそのまま使用可能!

# 【テキストなしコース】のご案内

TAC簿記検定講座のカリキュラムは市販の教材を使用しておりますので、こちらのテキストを使ってそのまま受講することができます。独学では分かりにくかった論点や本試験対策も、TAC講師の詳しい解説で理解度も120％UP! 本試験合格に必要なアウトプット力が身につきます。独学との差を体感してください。

左記の各メディアが
【テキストなしコース】で
お得に受講可能!

## こんな人にオススメ!

- ●テキストにした書き込みをそのまま活かしたい!
- ●これ以上テキストを増やしたくない!
- ●とにかく受講料を安く抑えたい!

※お申込み前に必ずお手持ちのバージョンをご確認ください。場合によっては最新のものに買い直していただくことがございます。詳細はお問い合わせください。

## お手持ちの教材をフル活用!!

合格テキスト

合格トレーニング

# 会計業界への就職・転職支援サービス

TPB

TACの100%出資子会社であるTACプロフェッションバンク（TPB）は、会計・税務分野に特化した転職エージェントです。勉強された知識とご希望に合ったお仕事を一緒に探しませんか？相談だけでも大歓迎です！どうぞお気軽にご利用ください。

## 人材コンサルタントが無料でサポート

**Step1 相談受付**
完全予約制です。HPからご登録いただくか、各オフィスまでお電話ください。

**Step2 面談**
ご経験やご希望をお聞かせください。あなたの将来について一緒に考えましょう。

**Step3 情報提供**
ご希望に違うお仕事があれば、その場でご紹介します。強制はいたしませんのでご安心ください。

---

**正社員で働く**

- 安定した収入を得たい
- キャリアプランについて相談したい
- 面接日程や入社時期などの調整をしてほしい
- 今就職すべきか、勉強を優先すべきか迷っている
- 職場の雰囲気など、求人票でわからない情報がほしい

**TACキャリアエージェント**

https://tacnavi.com/

---

**派遣で働く（関東のみ）**

- 勉強を優先して働きたい
- 将来のために実務経験を積んでおきたい
- まずは色々な職場や職種を経験したい
- 家庭との両立を第一に考えたい
- 就業環境を確認してから正社員で働きたい

**TACの経理・会計派遣**

https://tacnavi.com/haken/

※ご経験やご希望内容によってはご支援が難しい場合がございます。予めご了承ください。　※面談時間は原則お一人様30分とさせていただきます。

---

## 自分のペースでじっくりチョイス

**アルバイト・パート社員で働く**

- 自分の好きなタイミングで就職活動をしたい
- どんな求人案件があるのか見たい
- 企業からのスカウトを待ちたい
- WEB上で応募管理をしたい

**Webで**

**TACキャリアナビ**

https://tacnavi.com/kyujin/

就職・転職・派遣就労の強制は一切いたしません。会計業界への就職・転職を希望される方への無料支援サービスです。どうぞお気軽にお問い合わせください。

---

# TACプロフェッションバンク

- 有料職業紹介事業 許可番号13-ユ-010678
- 一般労働者派遣事業 許可番号（派）13-010932
- 特定募集情報等提供事業 届出受理番号51-募-000541

### 東京オフィス
〒101-0051
東京都千代田区神田神保町 1-103 東京パークタワー 2F
TEL.03-3518-6775

### 大阪オフィス
〒530-0013
大阪府大阪市北区茶屋町 6-20 吉田茶屋町ビル 5F
TEL.06-6371-5851

### 名古屋 登録会場
〒453-0014
愛知県名古屋市中村区則武 1-1-7 NEWNO 名古屋駅西 8F
TEL.0120-757-655

# TAC出版 書籍のご案内

TAC出版では、資格の学校TAC各講座の定評ある執筆陣による資格試験の参考書をはじめ、資格取得者の開業法や仕事術、実務書、ビジネス書、一般書などを発行しています!

## TAC出版の書籍

*一部書籍は、早稲田経営出版のブランドにて刊行しております。

### 資格・検定試験の受験対策書籍

- ☼日商簿記検定
- ☼建設業経理士
- ☼全経簿記上級
- ☼税　理　士
- ☼公認会計士
- ☼社会保険労務士
- ☼中小企業診断士
- ☼証券アナリスト

- ☼ファイナンシャルプランナー(FP)
- ☼証券外務員
- ☼貸金業務取扱主任者
- ☼不動産鑑定士
- ☼宅地建物取引士
- ☼賃貸不動産経営管理士
- ☼マンション管理士
- ☼管理業務主任者

- ☼司法書士
- ☼行政書士
- ☼司法試験
- ☼弁理士
- ☼公務員試験(大卒程度・高卒者)
- ☼情報処理試験
- ☼介護福祉士
- ☼ケアマネジャー
- ☼電験三種　ほか

### 実務書・ビジネス書

- ☼会計実務、税法、税務、経理
- ☼総務、労務、人事
- ☼ビジネススキル、マナー、就職、自己啓発
- ☼資格取得者の開業法、仕事術、営業術

### 一般書・エンタメ書

- ☼ファッション
- ☼エッセイ、レシピ
- ☼スポーツ
- ☼旅行ガイド (おとな旅プレミアム/旅コン)

# 日商簿記検定試験対策書籍のご案内

TAC出版の日商簿記検定試験対策書籍は、学習の各段階に対応していますので、あなたのステップに応じて、合格に向けてご活用ください!

## 3タイプのインプット教材

### 1

● **満点合格を目指し次の級への土台を築く**

「合格テキスト」

「合格トレーニング」

● 大判のB5判、3級〜1級累計300万部超の、信頼の定番テキスト&トレーニング! TACの教室でも使用している公式テキストです。3級のみオールカラー。
● 出題論点はすべて網羅しているので、簿記をきちんと学んでいきたい方にぴったりです!
◆3級 □2級 商簿、2級 工簿 ■1級 商・会 各3点、1級 工・原 各3点

### 2

● **教室講義のようなわかりやすさでしっかり学べる**

「簿記の教科書」

「簿記の問題集」

滝澤 ななみ 著

● A5判、4色オールカラーのテキスト(2級・3級のみ)&模擬試験つき問題集!
● 豊富な図解と実例つきのわかりやすい説明で、もうモヤモヤしない!!
◆3級 □2級 商簿、2級 工簿 ■1級 商・会 各3点、1級 工・原 各3点

### 3

● **初学者でも楽しく続けられる!**

「スッキリわかる」

**テキスト／問題集一体型**

滝澤 ななみ 著(1級は商・会のみ)

● 小型のA5判(4色オールカラー)によるテキスト／問題集一体型。これ一冊でOKの、圧倒的に人気の教材です。
● 豊富なイラストとわかりやすいレイアウト! かわいいキャラの「ゴエモン」と一緒に楽しく学べます。
◆3級 □2級 商簿、2級 工簿
■1級 商・会 4点、1級 工・原 4点

「スッキリうかる本試験予想問題集」

滝澤 ななみ 監修 TAC出版開発グループ 編著

● 本試験タイプの予想問題9回分を掲載
◆3級 □2級

# TAC出版

## コンセプト問題集

### ● 得点力をつける!

**『みんなが欲しかった! やさしすぎる解き方の本』**

B5判　滝澤 ななみ 著

● 授業で解き方を教わっているような 新感覚問題集。再受験にも有効。
◆3級 □2級

## 本試験対策問題集

### ● 本試験タイプの 問題集

**『合格するための 本試験問題集』**
（1級は過去問題集）

B5判

● 12回分（1級は14回分）の問題を収載。ていねいな「解答への道」、各問対策が充実
● 年2回刊行。
●3級 □2級 ■1級

### ● 知識のヌケを なくす!

**『まるっと 完全予想問題集』**
（1級は網羅型完全予想問題集）

A4判

● オリジナル予想問題（3級10回分、2級12回分、1級8回分）で本試験の重要出題パターンを網羅。
● 実力養成にも直前の本試験対策にも有効。
◆3級 □2級 ■1級

## 直前予想

### 『○年度試験をあてる TAC予想模試 ＋解き方テキスト ○～○月試験対応』
（1級は第○回試験をあてるTAC直前予想模試）

A4判

● TAC講師陣による4回分の予想問題で最終仕上げ。
● 2級・3級は、第1部解き方テキスト編、第2部予想模試編の2部構成。
● 年3回（1級は年2回）、各試験に向けて発行します。
◆3級 □2級 ■1級

---

## あなたに合った合格メソッドをもう一冊!

 **『究極の仕訳集』**
B6変型判

● 悩む仕訳をスッキリ整理。ハンディサイズ、一問一答式で基本の仕訳を一気に覚える。
◆3級 □2級

 **『究極の計算と仕訳集』**
B6変型判　境 浩一朗 著

● 1級商会で覚えるべき計算と仕訳がすべてつまった1冊!
■1級 商・会

 **『究極の会計学理論集』**
B6変型判

● 会計学の理論問題を論点別に整理、手軽なサイズが便利です。
■1級 商・会、全経上級

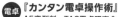 **『カンタン電卓操作術』**
A5変型判　TAC電卓研究会 編

● 実践的な電卓の操作方法について、丁寧に説明します!

---

：ネット試験の演習ができる模擬試験プログラムつき（2級・3級）

：スマホで使える仕訳Webアプリつき（2級・3級）

＊2024年2月現在 ・刊行内容、表紙等は変更することがあります ・とくに記述がある商品以外は、TAC簿記検定講座編です

# 書籍の正誤に関するご確認とお問合せについて

書籍の記載内容に誤りではないかと思われる箇所がございましたら、以下の手順にてご確認とお問合せをしてくださいますよう、お願い申し上げます。

なお、正誤のお問合せ以外の**書籍内容に関する解説および受験指導などは、一切行っておりません。**
そのようなお問合せにつきましては、お答えいたしかねますので、あらかじめご了承ください。

## 1 「Cyber Book Store」にて正誤表を確認する

TAC出版書籍販売サイト「Cyber Book Store」の
トップページ内「正誤表」コーナーにて、正誤表をご確認ください。

**CYBER** TAC出版書籍販売サイト
**BOOK STORE**

## URL：https://bookstore.tac-school.co.jp/

## 2 １の正誤表がない、あるいは正誤表に該当箇所の記載がない ⇒ 下記①、②のどちらかの方法で文書にて問合せをする

★ご注意ください★

**お電話でのお問合せは、お受けいたしません。**
①、②のどちらの方法でも、お問合せの際には、「お名前」とともに、
「対象の書籍名（○級・第○回対策も含む）およびその版数（第○版・○○年度版など）」
「お問合せ該当箇所の頁数と行数」
「誤りと思われる記載」
「正しいとお考えになる記載とその根拠」
を明記してください。
なお、回答までに１週間前後を要する場合もございます。あらかじめご了承ください。

### ① ウェブページ「Cyber Book Store」内の「お問合せフォーム」より問合せをする

【お問合せフォームアドレス】

## https://bookstore.tac-school.co.jp/inquiry/

### ② メールにより問合せをする

【メール宛先　TAC出版】

## syuppan-h@tac-school.co.jp

※土日祝日はお問合せ対応をおこなっておりません。
※正誤のお問合せ対応は、該当書籍の改訂版刊行月末日までといたします。

乱丁・落丁による交換は、該当書籍の改訂版刊行月末日までといたします。なお、書籍の在庫状況等により、お受けできない場合もございます。
また、各種本試験の実施の延期、中止を理由とした本書の返品はお受けいたしません。返金もいたしかねますので、あらかじめご了承くださいますようお願い申し上げます。

（2022年7月現在）

# 問題編

## 解答用紙

解答用紙あり の問題の解答用紙です。

なお、仕訳の解答用紙が必要な方は
最終ページの仕訳シートをコピーしてご利用ください。

解答用紙冊子　　　　　　　　　　　　　　　　　色紙

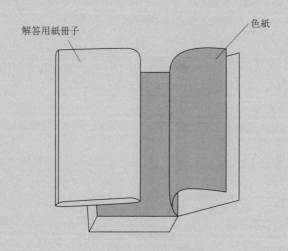

〈解答用紙ご利用時の注意〉

以下の「解答用紙」は、この色紙を残したままていねいに抜き取り、ご使用ください。
また、抜取りの際の損傷についてのお取替えはご遠慮願います。

解答用紙はダウンロードもご利用いただけます。
TAC出版書籍販売サイト・サイバーブックストアにアクセスしてください。
https://bookstore.tac-school.co.jp/

決算整理後残高試算表
×2年3月31日 　　　　　　（単位：円）

| 現　　　　　金 | （　　　　　） | 買　掛　　金 | （　　　　　） |
|---|---|---|---|
| 売　掛　　金 | （　　　　　） | 前　受　　金 | （　　　　　） |
| 前　払　　金 | （　　　　　） | 長期借入金 | （　　　　　） |
| （　　　　　　　） | （　　　　　） | （　　　　　　　） | （　　　　　） |
|  |  | 為替差損益 | （　　　　　） |

損　益　計　算　書
自×1年4月1日　至×2年3月31日　　　（単位：円）

⋮　　　　　　　　　　　　⋮

Ⅳ. 営 業 外 収 益
〔　　　　　　　〕　　　　　　　（　　　　　　　）

Ⅴ. 営 業 外 費 用
〔　　　　　　　〕　　　　　　　（　　　　　　　）

⋮　　　　　　　　　　　　⋮

貸　借　対　照　表
×2年3月31日　　　　　　（単位：円）

Ⅰ　流 動 資 産
　　有 価 証 券　（　　　　）

## 問題 9

損 益 計 算 書
自×1年4月1日 至×2年3月31日 （単位：円）

       ⋮                        ⋮

Ⅳ. 営 業 外 収 益

    有 価 証 券 利 息　　　　　　　　（　　　　　　）

    〔　　　　　　　　〕　　　　　　　（　　　　　　）

Ⅴ. 営 業 外 費 用

    〔　　　　　　　　〕　　　　　　　（　　　　　　）

       ⋮                        ⋮

貸 借 対 照 表
×2年3月31日 （単位：円）

      ⋮             ⋮

Ⅱ 固 定 資 産

   投 資 有 価 証 券 （　　　　　）

## 問題 10

貸 借 対 照 表
×2年3月31日 （単位：円）

| | | | | |
|---|---|---|---|---|
| ⋮ | ⋮ | | ⋮ | ⋮ |
| Ⅱ 固 定 資 産 | | Ⅱ 評価・換算差額等 | | |
| 投 資 有 価 証 券 （　　　） | | その他有価証券評価差額金 （　　　　） | | |

損 益 計 算 書
自×1年4月1日 至×2年3月31日 （単位：円）

⋮ ⋮

Ⅶ. 特 別 損 失
〔　　　　　　　　〕　　　　　（　　　　　　）
〔　　　　　　　　〕　　　　　（　　　　　　）

⋮ ⋮

貸 借 対 照 表
×2年3月31日 （単位：円）

⋮ ⋮

Ⅱ 固 定 資 産
子 会 社 株 式 （　　　　）
関 連 会 社 株 式 （　　　　）

(A) 税効果会計に関する仕訳

| | 借 方 科 目 | 金 額 | 貸 方 科 目 | 金 額 |
|---|---|---|---|---|
| (1) | | | | |
| (2) | | | | |

(B) 各年度期末における繰延税金資産または繰延税金負債（いずれかに記入）
(1) ×1年度期末　繰延税金資産 ＿＿＿＿＿＿ 円
　　　　　　　　繰延税金負債 ＿＿＿＿＿＿ 円
(2) ×2年度期末　繰延税金資産 ＿＿＿＿＿＿ 円
　　　　　　　　繰延税金負債 ＿＿＿＿＿＿ 円

(A) 税効果会計に関する仕訳

| | 借 方 科 目 | 金 額 | 貸 方 科 目 | 金 額 |
|---|---|---|---|---|
| (1) | | | | |
| (2) | | | | |

(B) 各年度期末における繰延税金資産または繰延税金負債（いずれかに記入）

(1) ×1年度期末　繰延税金資産 ＿＿＿＿＿＿＿ 円

　　　　　　　　繰延税金負債 ＿＿＿＿＿＿＿ 円

(2) ×2年度期末　繰延税金資産 ＿＿＿＿＿＿＿ 円

　　　　　　　　繰延税金負債 ＿＿＿＿＿＿＿ 円

問題 23

問1

　　固定資産または固定負債 ＿＿＿＿＿＿＿ 円

　＊　負債を表す場合には金額の前に△を付すこと。

問2

　　その他有価証券評価差額金 ＿＿＿＿＿＿＿ 円

　＊　評価差損（借方残高）を表す場合には金額の前に△を付すこと。

問3

<table>
<tr><td colspan="3" align="center">損 益 計 算 書</td><td align="right">（単位：円）</td></tr>
<tr><td>⋮</td><td></td><td></td><td>⋮</td></tr>
<tr><td>税引前当期純利益</td><td></td><td></td><td>325,000</td></tr>
<tr><td>法人税、住民税及び事業税</td><td></td><td>167,700</td><td></td></tr>
<tr><td>法人税等調整額</td><td>（　　　　　）</td><td></td><td>（　　　　　）</td></tr>
<tr><td>当 期 純 利 益</td><td></td><td></td><td>（　　　　　）</td></tr>
</table>

本支店合併損益計算書
自×2年4月1日　至×3年3月31日

| 費　用 | 金　額 | 収　益 | 金　額 |
|---|---|---|---|
| 期首商品棚卸高 | | 売　上　高 | |
| 当期商品仕入高 | | 期末商品棚卸高 | |
| 支　払　家　賃 | | 受取手数料 | |
| 保　険　料 | | | |
| 広告宣伝費 | | | |
| 貸倒引当金繰入 | | | |
| 減価償却費 | | | |
| 支　払　利　息 | | | |
| 当期純利益 | | | |
| | | | |

本支店合併貸借対照表
×3年3月31日

| 資　産 | 金　額 | 負債・純資産 | 金　額 |
|---|---|---|---|
| 現金預金 | （　　　） | 支払手形 | （　　　） |
| 受取手形 | （　　　） | 買　掛　金 | （　　　） |
| 売　掛　金 | （　　　） | 借　入　金 | （　　　） |
| 貸倒引当金 | （　　　）（　　　） | 未払費用 | （　　　） |
| 商　品 | （　　　） | 資　本　金 | （　　　） |
| 建　物 | （　　　） | 繰越利益剰余金 | （　　　） |
| 減価償却累計額 | （　　　）（　　　） | | |
| 備　品 | （　　　） | | |
| 減価償却累計額 | （　　　）（　　　） | | |
| | （　　　） | | （　　　） |

(A)　本支店合併損益計算書

本支店合併損益計算書<br>自×2年4月1日　至×3年3月31日　　（単位：円）

| | | | | |
|---|---|---|---|---|
| Ⅰ　売　　上　　高 | | | （　　　　　　） |
| Ⅱ　売　上　原　価 | | | |
| 　1．期首商品棚卸高 | （　　　　　） | | |
| 　2．当期商品仕入高 | （　　　　　） | | |
| 　　　　合　　　計 | （　　　　　） | | |
| 　3．期末商品棚卸高 | （　　　　　） | | |
| 　　　　差　　　引 | （　　　　　） | | |
| 　4．商品評価損 | （　　　　　） | （　　　　　　） | |
| 　　　売上総利益 | | （　　　　　　） | |
| Ⅲ　販売費及び一般管理費 | | | |
| 　1．販売費及び一般管理費 | | （　　　　　　） | |
| 　　　営業利益 | | （　　　　　　） | |
| Ⅳ　営業外収益 | | | |
| 　1．受取利息 | | （　　　　　　） | |
| Ⅴ　営業外費用 | | | |
| 　1．支払利息 | | （　　　　　　） | |
| 　　　税引前当期純利益 | | （　　　　　　） | |
| 　　　法人税等 | | （　　　　　　） | |
| 　　　当期純利益 | | （　　　　　　） | |

(B)　本支店合併貸借対照表の金額

商　　　　　品 ＿＿＿＿＿＿＿ 円　　備品減価償却累計額 ＿＿＿＿＿＿＿ 円

**問題 28**

(A) 損益勘定

① 本店

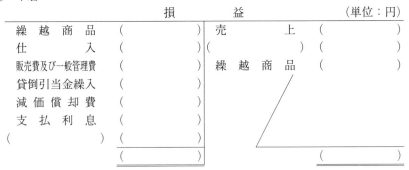

| 損 | | 益 | | （単位：円） | |
|---|---|---|---|---|---|
| 繰 越 商 品 | （　　　　） | 売　　　　　上 | （　　　　） |
| 仕　　　　入 | （　　　　） | （　　　　） | （　　　　） |
| 販売費及び一般管理費 | （　　　　） | 繰 越 商 品 | （　　　　） |
| 貸倒引当金繰入 | （　　　　） | | |
| 減 価 償 却 費 | （　　　　） | | |
| 支 払 利 息 | （　　　　） | | |
| （　　　　　　　） | （　　　　） | | |
| | （　　　　） | | （　　　　） |

② 支店

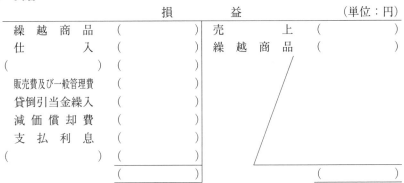

| 損 | | 益 | | （単位：円） | |
|---|---|---|---|---|---|
| 繰 越 商 品 | （　　　　） | 売　　　　　上 | （　　　　） |
| 仕　　　　入 | （　　　　） | 繰 越 商 品 | （　　　　） |
| （　　　　　　　） | （　　　　） | | |
| 販売費及び一般管理費 | （　　　　） | | |
| 貸倒引当金繰入 | （　　　　） | | |
| 減 価 償 却 費 | （　　　　） | | |
| 支 払 利 息 | （　　　　） | | |
| （　　　　　　　） | （　　　　） | | |
| | （　　　　） | | （　　　　） |

(B) 総合損益勘定

| 総 合 損 益 | | | | （単位：円） | |
|---|---|---|---|---|---|
| （　　　） | （　　　　） | （　　　） | （　　　　） |
| （　　　） | （　　　　） | （　　　） | （　　　　） |
| （　　　） | （　　　　） | （　　　） | （　　　　） |
| | （　　　　） | | （　　　　） |

(C) 次期に繰り越すべき支店勘定および本店勘定の金額

支 店 勘 定 ＿＿＿＿＿＿ 円　　　本 店 勘 定 ＿＿＿＿＿＿ 円

7

## 貸 借 対 照 表
×2年3月31日　　　　　　　　　　　（単位：円）

| 借 方 科 目 | 金 額 | 貸 方 科 目 | 金 額 |
|---|---|---|---|
| 現　　　　金 | | 買　　掛　　金 | |
| 売　　掛　　金 | | 長 期 借 入 金 | |
| 商　　　　品 | | 本　　　　店 | |
| 短 期 貸 付 金 | | 当 期 純 利 益 | |
| 建　　　　物 | | | |
| 減価償却累計額 | | | |
| | | | |

## 損 益 計 算 書
自×1年4月1日　至×2年3月31日　　　（単位：円）

| 借 方 科 目 | 金 額 | 貸 方 科 目 | 金 額 |
|---|---|---|---|
| 売 上 原 価 | | 売　　上　　高 | |
| 減 価 償 却 費 | | その他の収益 | |
| その他の費用 | | 為 替 差 益 | |
| 当 期 純 利 益 | | | |
| | | | |

MEMO

**問題 30**

(A) 間接法

キャッシュ・フロー計算書　　　（単位：円）

| | | |
|---|---|---|
| 営業活動によるキャッシュ・フロー | | |
| 　税 引 前 当 期 純 利 益 | （ | ） |
| 　減 価 償 却 費 | （ | ） |
| 　貸倒引当金の増減額(△は減少) | （ | ） |
| 　受 取 利 息 ・ 配 当 金 | （ | ） |
| 　有価証券売却損益(△は益) | （ | ） |
| 　支 払 利 息 | （ | ） |
| 　固定資産売却損益(△は益) | （ | ） |
| 　売上債権の増減額(△は増加) | （ | ） |
| 　棚卸資産の増減額(△は増加) | （ | ） |
| 　前払費用の増減額(△は増加) | （ | ） |
| 　仕入債務の増減額(△は減少) | （ | ） |
| 　　小　　　計 | （ | ） |
| 　利息及び配当金の受取額 | （ | ） |
| 　利 息 の 支 払 額 | （ | ） |
| 　法 人 税 等 の 支 払 額 | （ | ） |
| 　営業活動によるキャッシュ・フロー | （ | ） |
| 投資活動によるキャッシュ・フロー | | |
| 　有価証券の取得による支出 | （ | ） |
| 　有価証券の売却による収入 | （ | ） |
| 　有形固定資産の取得による支出 | （ | ） |
| 　有形固定資産の売却による収入 | （ | ） |
| 　貸 付 け に よ る 支 出 | （ | ） |
| 　貸付金の回収による収入 | （ | ） |
| 　投資活動によるキャッシュ・フロー | （ | ） |
| 財務活動によるキャッシュ・フロー | | |
| 　借 入 れ に よ る 収 入 | （ | ） |
| 　借入金の返済による支出 | （ | ） |
| 　株 式 の 発 行 に よ る 収 入 | （ | ） |
| 　配 当 金 の 支 払 額 | （ | ） |
| 　財務活動によるキャッシュ・フロー | （ | ） |
| 現金及び現金同等物の増減額(△は減少) | （ | ） |
| 現金及び現金同等物の期首残高 | （ | ） |
| 現金及び現金同等物の期末残高 | （ | ） |

10

(B) 直接法

<u>キャッシュ・フロー計算書</u> 　　　　(単位：円)

営業活動によるキャッシュ・フロー
　　営　業　収　入　　　　　　　（　　　　　）
　　商品の仕入れによる支出　　　（　　　　　）
　　人　件　費　の　支　出　　　（　　　　　）
　　その他の営業支出　　　　　　（　　　　　）
　　　　小　　　　　計　　　　　（　　　　　）
　　利息及び配当金の受取額　　　（　　　　　）
　　利　息　の　支　払　額　　　（　　　　　）
　　法人税等の支払額　　　　　　（　　　　　）
　　営業活動によるキャッシュ・フロー　（　　　　　）

(A) 間接法

キャッシュ・フロー計算書　　　（単位：円）

営業活動によるキャッシュ・フロー

| | | |
|---|---|---|
| 税 引 前 当 期 純 利 益 | ( | ) |
| 減 価 償 却 費 | ( | ) |
| 貸倒引当金の増減額(△は減少) | ( | ) |
| 受 取 利 息 ・ 配 当 金 | ( | ) |
| 有価証券売却損益(△は益) | ( | ) |
| 支 払 利 息 | ( | ) |
| 有価証券評価損益(△は益) | ( | ) |
| 為 替 差 損 益 ( △ は 益 ) | ( | ) |
| 固定資産売却損益(△は益) | ( | ) |
| 売上債権の増減額(△は増加) | ( | ) |
| 棚卸資産の増減額(△は増加) | ( | ) |
| 前払費用の増減額(△は増加) | ( | ) |
| 仕入債務の増減額(△は減少) | ( | ) |
| 未払費用の増減額(△は減少) | ( | ) |
| 小 計 | ( | ) |
| 利息及び配当金の受取額 | ( | ) |
| 利 息 の 支 払 額 | ( | ) |
| 法 人 税 等 の 支 払 額 | ( | ) |
| 営業活動によるキャッシュ・フロー | ( | ) |

(B) 直接法

## キャッシュ・フロー計算書　　　（単位：円）

営業活動によるキャッシュ・フロー
　　営　業　収　入　　　　　　（　　　　　　）
　　商品の仕入れによる支出　　（　　　　　　）
　　人　件　費　の　支　出　　（　　　　　　）
　　その他の営業支出　　　　　（　　　　　　）
　　　　小　　　　　計　　　　（　　　　　　）
　　利息及び配当金の受取額　　（　　　　　　）
　　利　息　の　支　払　額　　（　　　　　　）
　　法人税等の支払額　　　　　（　　　　　　）
　　営業活動によるキャッシュ・フロー（　　　　　　）
投資活動によるキャッシュ・フロー
　　有価証券の取得による支出　（　　　　　　）
　　有価証券の売却による収入　（　　　　　　）
　　有形固定資産の取得による支出（　　　　　　）
　　有形固定資産の売却による収入（　　　　　　）
　　貸付けによる支出　　　　　（　　　　　　）
　　貸付金の回収による収入　　（　　　　　　）
　　投資活動によるキャッシュ・フロー（　　　　　　）
財務活動によるキャッシュ・フロー
　　短期借入れによる収入　　　（　　　　　　）
　　短期借入金の返済による支出（　　　　　　）
　　長期借入れによる収入　　　（　　　　　　）
　　長期借入金の返済による支出（　　　　　　）
　　株式の発行による収入　　　（　　　　　　）
　　配　当　金　の　支　払　額（　　　　　　）
　　財務活動によるキャッシュ・フロー（　　　　　　）
現金及び現金同等物に係る換算差額（　　　　　　）
現金及び現金同等物の増減額(△は減少)（　　　　　　）
現金及び現金同等物の期首残高（　　　　　　）
現金及び現金同等物の期末残高（　　　　　　）

| | ○または× | ×の場合の理由 |
|---|---|---|
| (1) | | |
| (2) | | |
| (3) | | |

≪仕訳シート≫　必要に応じてコピーしてご利用ください。

| 問題番号 | 借　方　科　目 | 金　　　額 | 貸　方　科　目 | 金　　　額 |
|---|---|---|---|---|
|  |  |  |  |  |
|  |  |  |  |  |
|  |  |  |  |  |
|  |  |  |  |  |
|  |  |  |  |  |
|  |  |  |  |  |
|  |  |  |  |  |
|  |  |  |  |  |

≪仕訳シート≫　必要に応じてコピーしてご利用ください。

| 問題番号 | 借　方　科　目 | 金　　　　額 | 貸　方　科　目 | 金　　　　額 |
|---|---|---|---|---|
| | | | | |
| | | | | |
| | | | | |
| | | | | |
| | | | | |
| | | | | |
| | | | | |